Petit manuel pour ne pas avoir l'air d'une courge dans une épicerie bio

idées gourmandes pour une cuisine inventive et naturelle

Collection *mon grain de sel*
dirigée par Raphaële Vidaling

Cette collection donne la parole à des amateurs passionnés qui ne sont ni des chefs ni des auteurs confirmés. Les livres sont réalisés sans styliste culinaire, et donc sans aucun trucage : les auteurs cuisinent eux-mêmes les plats, les photographies sont réalisées à la lumière naturelle… et ensuite, on mange tout ! Il n'y a donc aucune raison pour que ce que vous voyez là ne ressemble pas à ce que vous serez capable de faire vous-même en suivant la recette.

www.mongraindesel.fr

Petit manuel pour ne pas avoir l'air d'une courge dans une épicerie bio

idées gourmandes pour une cuisine inventive et naturelle

Textes : Stéphanie de Turckheim
Photographies : Raphaële Vidaling

Tana
éditions

Sommaire

Introduction

Recettes salées

Recettes sucrées-salées

Recettes sucrées

Introduction

J'ai été élevée à la campagne : nous avions un jardin et j'ai toujours eu l'habitude de consommer nos fruits et nos légumes de saison. Je me rappelle les heures que nous passions, mon frère et moi, à cueillir des framboises, des mûres ou des groseilles, avec nos petits paniers. Ce que j'aimais le plus, c'était aller chercher des champignons avec mon papa. L'odeur des sous-bois et la pénombre de la forêt m'enchantaient. Et puis, quel bonheur de découvrir, sortant d'un tapis de feuilles, des coulemelles, des bolets ou des cèpes ! À l'automne, avec mes cousins et cousines, nous ramassions des tonnes de châtaignes. Nous les faisions ensuite éclater dans un grand feu de bois et les dévorions avec plaisir. C'était aussi l'époque des courges de toutes sortes, petites, grosses, tordues, de couleur rouge, orange, verte, marron... Nous aimions les regarder et inventer des histoires d'elfes, de fées ou de monstres. Bref, nous vivions au rythme des saisons, et c'était une vie douce, reposante et surtout très agréable.

J'ai aussi eu la chance d'avoir une tante extraordinaire, qui était une grande écolo. Elle militait beaucoup et avait fait de sa vie un combat pour la sauvegarde de la nature. Elle nous a tous beaucoup sensibilisés au monde qui nous entoure, à la notion de respect. Respect des hommes, mais aussi respect de la nature et tout de l'environnement. Elle me fascinait, je la trouvais merveilleuse et un peu fantasque. Dans les années 1970, elle a créé le mouvement vert, puis elle a poursuivi son militantisme. C'est maintenant que j'ai grandi que je comprends son combat, car il est au cœur du monde d'aujourd'hui et de ses préoccupations.

Chaque jour, on nous parle de problèmes de pollution, de nourriture, de santé, d'obésité… Le retour aux sources, à la nature et aux traditions est à la mode. Les valeurs d'autrefois reviennent à la vitesse V et, en ville, on se prend à rêver de campagne et d'un monde plus paisible, moins dur. En oubliant souvent qu'à la campagne la vie n'est pas simple non plus.

Je ne vais pas vous faire pleurer en continuant ce triste tableau, mais plutôt essayer de vous donner envie de cuisiner bio, de découvrir quelques-uns des produits que l'on trouve dans un magasin bio. Si vous faites partie de ces gens qui croient que les graines sont réservées aux oiseaux et que qui dit « bio » dit « triste », vous pourriez bien être surpris. Non seulement vous aurez le plaisir, dans une épicerie bio, de découvrir un univers différent des grands supermarchés (où prime le packaging tapageur), mais vous découvrirez surtout des ingrédients que vous trouverez difficilement ailleurs et qui vous permettront de renouveler vos habitudes ou de susciter chez vous des trouvailles culinaires. Les produits que vous connaissez y sont déclinés dans des saveurs bien plus variées, qu'il s'agisse de jus, de sirops, de tartinades, de pains, de pâtes ou de céréales. Le meilleur exemple en est peut-être les huiles : elles sont nombreuses et si parfumées qu'il suffit parfois d'en mettre quelques gouttes pour changer la saveur d'un plat. Découvrez par exemple l'huile de pépins de courge, qui sent les graines grillées, l'huile de noisettes, au goût subtil et gourmand, l'huile de chanvre, forte et épicée…

Dans les pages qui suivent, vous allez découvrir quelques produits essentiels. Puis, à partir d'une sélection d'ingrédients typiques des épiceries bio, je vais vous donner des idées de petites recettes faciles, dans l'air du temps, dont vous inventerez des variantes à votre guise. Et vous verrez que « bio » peut aussi rimer avec « rigolo », comme « biologique » avec « gastronomique » !

C'est quoi, un produit bio ?

Juste un petit rappel pour que les choses soient bien claires.

Un produit **bio** est un produit d'origine agricole qui est composé d'au moins 95 % d'ingréidents issus d'un mode de production biologique, donc sans élément de synthèse. C'est en quelque sorte un produit entièrement **naturel,** comme par le passé, c'est-à-dire avant l'ère de l'agriculture industrielle et de l'industrie agroalimentaire. Le produit bio fait partie d'un système de valeurs respectueux de la **nature** et de la **santé,** et socialement **responsable.**

Le **label vert AB** que l'on trouve sur les produits signifie « agriculture biologique ». C'est un label défini par le ministère français de l'Agriculture et de la Pêche, puis par la Communauté européenne. Il certifie que le produit a été élaboré **sans pesticides** ni engrais chimiques de synthèse. S'il y a intervention de l'homme, c'est de façon totalement **naturelle** et en collaboration avec la nature. Par exemple, l'usage d'**engrais verts,** de systèmes de rotation, de plantes compagnes, d'ennemis naturels des parasites…

On peut ainsi dire que l'agriculture biologique est **économe, autonome** et, surtout, **non polluante.**

Les produits les plus insolites à essayer

Riz rouge

Sablés à la **cannelle**
et aux noix d'Amazonie

Sauce à gratiner
(au tofu)

Thé Merveille
de Lolita Lempicka
(sublime emballage bio)

Riz rose

Poivre à queue

Thé vert
gingko biloba

Poppies
*(blé complet soufflé
enrobé de sirop d'érable)*

Yaourts Les 2 Vaches
*(allez voir leur joli site avec vos enfants
on peut y jouer, s'instruire
et même parrainer une vache !)*

Miel de longanier

Muesli à l'amarante

Sel de Guérande
au mélange à la romaine

Poivre rouge
de Pondichéry

Crème de **parmesan** balsamique
*(à tartiner ou pour y tremper
des crudités)*

Extrait du site www.les2vaches.com

Confiture de lait Milquidou
*(cuite à la ferme pendant 4 h
dans un chaudron en cuivre)*

Framboise forever
de Lolita Lempicka
*(pâte à tartiner à la framboise,
au sirop d'agave et à l'amaretto)*

Thé au bois de **réglisse**

Vinaigre saveur Passion

Confit d'ananas
au poivre de Penja

Lapin en compote

Riz violet

Quinoa rouge
Quinoa noir

Yogi Thé
*(mélange d'épices
pour infusion sans thé)*

Vinaigre saveur rose

Confit de miel
aux noisettes

Huile saveur menthe

Farine de pois chiche

Confiture de potiron
à la cannelle

Poudre de caroube
*(substitut à la poudre de cacao,
moins gras, sans lactose ni gluten)*

Mes ingrédients favoris,
faciles à trouver et faciles à utiliser

Voici la liste des ingrédients que j'ai sélectionnés pour vous dans mon épicerie bio après avoir fait une petite enquête auprès de quelques-uns des clients. Ce sont des produits que vous trouverez partout, faciles d'utilisation, souvent de base, mais qui restent encore méconnus du grand public. Dans les recettes qui vont suivre, je vous donne souvent plusieurs idées pour un même ingrédient. Un exemple ? Les flocons d'avoine. Vous pourrez les préparez en galettes pour un déjeuner ou un dîner, accompagnées d'une salade verte et d'un coulis de tomates ; les servir en apéritif sous forme de rochers au parmesan ; ou les déguster dans des cookies au chocolat avec un thé ou un café (reportez-vous à l'index à la fin de l'ouvrage).

Rayon frais

Algues
Tofu soyeux
Tofu
Graines germées
Fromage blanc
Yaourt au lait de chèvre
Yaourt au lait de brebis
Lait frais
Galettes de légumes

Épicerie sèche

Farine de châtaigne
Farine complète ou semi-complète
Muesli
Flocons d'avoine
Soufflettes à la châtaigne
Pipoca
Quinoa
Graines de soja et de lin
Graines de tournesol et de courge
Sirop d'agave et de blé
Sirop de gingembre et de cranberry
Purée de noisettes et d'amandes
Crème de marrons
Pollen
Sucre roux
Mélasse
Agar-agar
Spiruline
Pâtes aux algues et pâtes complètes
Gomasio
Mélange du pêcheur
Laits végétaux (amande, riz, soja…)
Crème de riz ou de soja
Crème d'amande
Jus de fruits
Jus de légumes

Les sirops

Les sirops bio sont fabriqués à partir de sucre de canne roux ou blanc issu de l'agriculture biologique et de jus de fruits concentrés 100 % naturels. C'est le sirop de sucre de canne roux qui leur donne cette couleur légèrement ambrée. En général, comme les sirops ne contiennent ni colorants, ni conservateurs, ni agents de saveur, il faut les placer au réfrigérateur après ouverture. Vous remarquerez parfois un dépôt au fond de certaines bouteilles : c'est le pollen des plantes, qui sont cueillies en fleur.

Les sirops sont souvent délicieux froids, avec de l'eau fraîche et des glaçons, mais aussi chauds : ils remplacent alors parfaitement une tisane en sachet. Ils peuvent également être ajoutés dans du thé afin de l'aromatiser et de l'adoucir. On peut enfin utiliser les sirops en cuisine pour déglacer une viande ou des légumes ou encore pour parfumer une sauce. Dans les desserts, ils apporteront de nouvelles saveurs, par exemple sur une glace ou un sorbet. Dans une salade de fruits, un yaourt, une compote ou du fromage blanc, ils pourront remplacer le sucre.

Vous trouverez facilement des sirops dotés, en outre, de vertus médicinales, mais également délicieux au goût :

- sirop de romarin
- sirop de thym
- sirop de tilleul
- sirop de fenouil
- sirop de fleur de sureau
- sirop de bourgeon de pin
- sirop de menthe

Et puis, il y a tous les sirops qui nous rappellent notre enfance, et sans les produits chimiques qui leur sont souvent ajoutés :

- sirop de fraise
- sirop de framboise
- sirop d'orgeat
- sirop de cassis
- sirop de châtaigne

Les confitures

C'est l'un des rayons où la diversité des produits proposés est bien plus riche que cele qu'offre la grande distribution. Penchez-vous sur les étiquettes : vous serez souvent agréablement surpris. Je vous conseille vivement, lorsque vous partez en vacances, de regarder sur les marchés des villages les étals des petits producteurs. Ils sont souvent très inventifs et leurs produits délicieux.

En général, les confitures sont cuites dans des chaudrons en cuivre. Les gelées sont réalisées à partir de jus par extraction à la vapeur.

Avez-vous déjà goûté ces produits

- Gelée de prunelle
- Gelée de fleur de pissenlit
- Gelée de menthe bergamote
- Confiture d'églantines
- Confiture de sureau
- Confiture de potimarrons
- Confiture de courges
- Confiture d'arbouses
- Confiture de myrte
- Confiture de nèfles
- Confiture de raisins
- Confiture d'aronias
- Confiture de noix vertes
- Confiture de pâtissons
- Confiture d'amours-en-cage
- Confiture de figues et de noix

Le monde des algues

On les appelle « les légumes de la mer », certains y voient l'avenir de l'alimentation : difficile pourtant de trouver appétissants ces ingrédients gluants quand on les voit alignés dans leurs petites barquettes au rayon frais des épiceries bio ! Voici un petit tour d'horizon qui permet de distinguer les différentes espèces et leurs usages.

Agar-agar : gélifiant obtenu à partir d'algues marines, de goût parfaitement neutre, que l'on achète en poudre ou en paillettes.

Aramé : algue japonaise, très noire, en forme de filaments (photo ci-contre) et de saveur assez douce, légèrement iodée et sucrée. Parfaite à mon avis pour commencer une dégustation de légumes marins. Il faut la faire tremper une quinzaine de minutes avant de l'utiliser, afin d'atténuer son goût. C'est une bonne source de minéraux, de vitamines et de protéines.

Arow-root : fécule gélifiante de goût neutre et qui s'incorpore dans toutes les préparations sucrées ou salées.

Haricot de mer : algue brun-vert qui ressemble à une tagliatelle. Son goût est à la fois iodé et sucré. Elle se déguste crue en salade ou revenue à la poêle.

Nori : algue séchée qui ressemble à une feuille mince de papier noir ou vert sombre

(photo ci-contre). Très populaire au Japon, elle sert à envelopper les makis. Son goût est légèrement iodé et, pour la consommer, il faut l'assaisonner. Elle permet de lutter contre l'anémie, la chute de cheveux ou les cheveux blancs. Riche en vitamine B1, elle protège le système nerveux.

Wakamé : algue vert foncé à longues feuilles découpées, elle aussi très populaire au Japon (photo page suivante), où on la trouve dans les soupes et les salades. Elle a un goût très fin, légèrement iodé et proche de celui de l'huître. Elle peut s'acheter fraîche ou sèche. Attention, elle gonfle énormément. C'est un aliment qui convient aux régimes hypocaloriques. Elle permet aussi de lutter contre l'asthme, la sinusite, la tension artérielle et la chute de cheveux.

Hijiki : algue noire en filaments qui fait penser à des spaghettis. Elle a un goût très fort et peut s'utiliser de plusieurs façons : à la vapeur, au wok, en salade ou mijotée. Elle est riche en fer, en calcium et en potassium.

Konbu : algue vert sombre, épaisse et large (photo ci-contre). C'est le composant de base du bouillon japonais dit *dashi*. Son petit goût iodé relève à merveille tous les plats. C'est une algue énergétique, riche en calcium, en iode, en fer et en potassium. Le kombu ramollit les fibres des céréales complètes avec lesquelles on le fait cuire. Frit, il forme un bâtonnet craquant à servir à l'apéritif.

Dulse : algue rouge au goût très doux et iodé. Elle se déguste crue ou cuite dans les quiches, les soupes ou les omelettes. Elle est riche en fer.

Spiruline : algue minuscule de couleur bleu-vert, au goût iodé. Très nutritive, elle se vend le plus fréquemment en poudre, ce qui permet de l'incorporer dans les préparations. Elle contient notamment de l'acide gamma-linoléique, qui aide au développement du système immunitaire.

L'univers des flocons,
des graines et des pépins

Un magasin bio a cette particularité de vendre beaucoup de petites graines et de pépins de tailles, de formes, de couleurs et de goûts très différents. Quant aux flocons, si vous ne connaissez que l'avoine, ouvrez grand vos yeux ! Toutes ces choses s'achètent soit vrac, soit en sachets. Cela peut paraître bizarre la première fois, et pourtant, rassurez-vous, ce ne sont pas des graines pour les oiseaux, mais pour vous, pour votre santé et pour votre bien-être, même si ne suivez pas un régime macrobiotique.

Normalement, si vous êtes adepte des pains spéciaux, vous connaissez déjà un peu les graines et les flocons. Ayant été élevée en Alsace, à la frontière de la Suisse et de l'Allemagne, je ne pouvais pas passer à côté : dans ces pays, on en consomme à la louche dès le petit déjeuner et on en picore toute la journée. Les Suisses prennent du muesli matin et soir, et les Allemands mangent du pain très brun, voire noir agrémenté de toutes sortes de graines. Je me souviens que, petite, même dans les stations-service, on trouvait des petits sachets de graines et de pépins. Aujourd'hui, on trouve plutôt des bonbons…

Quand je suis arrivée à Paris, je me suis fait mes petits bocaux de graines, car j'en raffole. Je trouve que c'est croquant, joli, et que cela enrichit à merveille une salade, un gratin, un crumble, un yaourt ou une tarte. En voyant cela, mes amis du Marais ont bien rigolé et m'ont prise pour un « drôle d'oiseau », ou du moins pour une originale. Aujourd'hui, c'est moi qui rigole, car la plupart font la même chose…

Voici un petit aperçu des flocons, graines et pépins les plus classiques.

Flocons d'avoine

Le flocon d'avoine est un aliment
« santé » anticholestérol. Il est
riche en fibres, en magnésium et
en vitamine B. Il a un petit goût
de foin et de nature.

Flocons d'épeautre

L'épeautre est une espèce rustique de blé.
Il est très riche en protéines et en glucides.
Son taux très élevé en magnésium en fait un aliment antistress.

Flocons de cinq céréales

C'est un mélange d'avoine, de blé, d'orge, de
seigle et de riz. Les graines des céréales sont pré-
cuites à la vapeur afin que leur enveloppe soit
ramollie, puis aplaties en douceur entre de grands
cylindres. Elles sont très faciles à digérer.

Flocons de quinoa

Les flocons sont précuits à la vapeur. Les graines
de quinoa sont riches en protéines et contiennent
de nombreux minéraux dont le magnésium, le
calcium et le fer. En outre, le quinoa ne contient
pas de gluten.

Flocons de riz

Les grains de riz sont précuits à la vapeur. Même s'il n'est pas très bien doté en protéines, le riz se distingue par sa grande richesse en vitamines B et E, en calcium, en fer et en phosphore. Il est très léger, très digeste et a des vertus dépuratives. Son amidon est particulièrement assimilable.

Graines de lin

Ces graines sont délicieuses, avec un petit goût sucré de noix. Le lin contient plus de protéines que la viande et il est aussi très riche en acides gras essentiels. C'est en outre une bonne source d'oméga 3. Il a des propriétés digestives, un effet positif sur l'influx nerveux et il est utile dans la lutte contre la fatigue, notamment hivernale.

Graines ou pépins de courge

Les graines de courge sont très énergisantes et nourrissantes. Oléagineuses, elles contiennent des protéines végétales et de nombreux oligoéléments. Elles sont diurétiques, aident à soigner les infections urinaires et surtout… elles sont réputées aphrodisiaques !

Graines de tournesol

Les graines de tournesol sont d'une grande richesse nutritive. Elles regorgent de phosphore, de manganèse, de zinc, de potassium, de magnésium, de fer et de vitamines B et E. Elles sont donc très énergétiques et leurs acides gras contribuent à faire baisser le taux de cholestérol. Une demi-tasse de graines de tournesol contient environ 255 mg de magnésium, élément indispensable au métabolisme. Elles favorisent la perte de poids, réduisent certains des effets du syndrome prémenstruel et soulagent les allergies et les troubles inflammatoires. En bref, des graines incontournables !

Graines de pavot

On utilise pour la cuisine les graines de pavot de couleur bleu-noir. Ce sont des graines oléagineuses que l'on retrouve beaucoup dans les pâtisseries de l'Europe de l'Est, notamment en Pologne et en Hongrie.

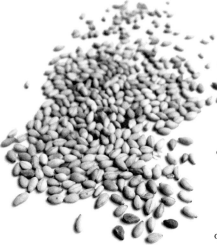

Graines de sésame

Le sésame est cultivé en Afrique de l'Est et en Asie depuis environ 5 000 ans. C'est un reminéralisant ; il est très riche en fibres, en minéraux et en acides gras insaturés. Il régule l'équilibre acido-basique. Il a un délicieux petit goût de noisette. Attention, car il rancit très vite. Ne pas hésiter à en saupoudrer tous les plats. Il existe aussi sous forme d'huile et de purée, le tahin, que l'on peut déguster sur des tartines ou pour assaisonner des crudités, en lui ajoutant simplement du citron, du sel et du poivre. Et puis il faut goûter le gomasio, ce mélange de sésame broyé et de sel.

La folie des huiles

Vous allez sans doute être surpris ou étonné en découvrant le rayon huiles de votre magasin bio. Pour ma part, j'en ai été enchantée. Quel incomparable choix ! C'était comme être dans une grande prairie : huile de colza, huile de tournesol, huile de germe de blé, huile d'œillette, huile de cameline, huile de rose musquée, huile de bourrache, huile d'onagre, huile d'olive…. Sans oublier les huiles de noix, de noisette, d'argan, de pistache, de sésame…

Très important : toujours choisir une huile vierge de première pression à froid. Cela veut dire qu'elle n'a subi aucun traitement chimique. Les graines ou les fruits sont issus d'une culture biologique, ils sont nettoyés puis décortiqués et pressés à froid. Le pressage se fait très lentement pour éviter tout échauffement, puis l'huile est filtrée. On peut dire que les huiles obtenues par ce moyen sont bien meilleures pour la santé, car elles sont saines et elles conservent toutes leurs qualités nutritionnelles. Et puis elles sont pleines de vitamine E, d'acides gras essentiels et de lécithine.

Chaque huile a des propriétés et des bienfaits différents, aussi faut-il les alterner. Leur complémentarité permettra d'avoir une alimentation équilibrée.

Pour la cuisine, attention ! Toutes les huiles ne supportent pas la chaleur. En général, on utilisera pour la cuisson de l'huile d'olive ou de l'huile d'arachide.

Les huiles se conservent le mieux dans des bouteilles opaques et dans un placard. L'été, il faut les mettre au frais.

Pour les huiles moins courantes comme l'huile de sésame, de noisette, de pistache ou de chanvre, je vous conseille de les acheter en flacons de 25 cl, car elles s'utilisent à toute petite dose et elles s'oxydent rapidement.

Comment utiliser toutes ces huiles ? On peut les déguster sur des crudités, sur des légumes cuits *al dente,* dans des veloutés, sur des purées ou avec des céréales. Mon petit plaisir est de les savourer sur du pain simplement grillé ou dans un yaourt légèrement salé.

Mes petites « folies »

L'huile d'olive, car elle est très pratique pour tout et rappelle l'été, les vacances et la bonne ratatouille. Elle joue un rôle régulateur du taux de cholestérol dans le sang et prévient les maladies cardio-vasculaires. Très digeste, elle favorise en outre la densité osseuse. Elle existe nature ou parfumée.

L'huile de colza, pour son goût intense dans la bouche. Très onctueuse, elle met en valeur toutes les salades. C'est une huile riche en oméga 3, cet acide gras essentiel très en vogue aujourd'hui. Elle régule le taux de cholestérol dans le sang, intervient dans la constitution des cellules nerveuses, prévient les maladies cardio-vasculaires.

L'huile de noisette, car sa saveur est unique et très gourmande. C'est l'huile qui a le taux d'acide oléique le plus élevé. Elle contient également de la vitamine E et des oligoéléments.

L'huile de noix, pour son goût fort et puissant. Elle est très riche en oméga 3, en lécithine et en vitamine E. L'huile de noix est reconnue pour renforcer les facultés cérébrales.

L'huile de chanvre, à la saveur épicée et forte. Elle ressemble un peu à l'huile d'olive. Elle est riche en oméga 6, en oméga 3 et en vitamine E. Son rôle est régulateur et rééquilibrant.

L'huile de sésame, pour son goût évoquant la cuisine asiatique. Elle se caractérise par un équilibre entre acide oléique et acide linoléique (oméga 6). Elle contient aussi de la lécithine. Elle a la réputation d'être excellente pour le système nerveux.

L'huile de pépins de courge, car elle a le goût des graines grillées. Elle est onctueuse et épaisse. Elle est bénéfique pour la prostate.

L'huile d'argan, pour son petit goût de noisette. Elle est très riche en acides gras essentiels et en vitamine E. Elle est censée être fortifiante. Elle peut aussi s'utiliser comme soin pour la peau.

L'huile d'œillette, pour sa saveur très douce. Les œillettes sont les petites graines bleutées provenant des capsules du pavot. Cette huile aide à lutter contre les problèmes de circulation ou les problèmes cardiaques.

L'huile de rose musquée, pour son parfum très délicat. Elle est très riche en acides gras essentiels. On la considère comme une huile thérapeutique.

Mes mélanges « bio glam »
pour être beau/belle et en forme !

Pour un réveil tonique et pour bien débuter la journée

- Pomme crue à l'huile de noix
- Bol de flocons d'avoine, raisins, noisettes, amandes, pruneaux, graines de tournesol, graines de courges et jus d'orange frais
- Tartine de pain complet avec purée d'amandes, de noisettes ou de sésame
- Smoothie de graines germées au lait frais et au yaourt bio nature
- Lassi à la purée d'amandes et de noisettes
- Salade de fruits frais de saison arrosés d'huile d'olive fruitée, d'huile d'œillette ou d'huile de rose musquée
- Cocktail orange, carotte et citron
- Galettes de riz avec confiture d'agrumes ou de gingembre

Pour un encas énergétique

- Truffes de fruits secs (abricots, figues, pruneaux) mixés avec des graines de lin, de courge et de tournesol
- Chocolat noir au muesli (à faire soi-même, voir recette « mon Crunch à moi »)
- Glace au sésame grillé
- Crème au chocolat et à la purée de sésame
- Crumble de graines dans un yaourt

Pour une bonne nuit et de magnifiques rêves

- Yaourt à l'huile d'olive parfumée avec une goutte d'huile essentielle à la lavande
- Madeleines à la verveine
- Lassi sans sucre à l'eau de fleur d'oranger
- Lait chaud au miel et à la cannelle
- Crème à l'orange douce et à l'amande blanche
- Petite salade de fruits frais et sirop de camomille, verveine et menthe
- Thé roïbos sans théine

Test : êtes vous un(e) bio addict ?

1- Vous préférez faire vos courses :

a) au marché
b) en grande surface
c) sur Internet

2- Pour les vacances, vous choisissez :

a) un gîte de France
b) une villa au bord de la mer
c) un tour du monde

3- Avec vos ami(e)s, vous buvez :

a) un jus de fruits ou de légumes pressés
b) une eau gazeuse avec une rondelle de citron
c) du champagne

4- Chez vous, la lumière est allumée :

a) dans la pièce où l'on est
b) un peu partout au hasard
c) partout, c'est mieux !

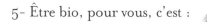

5- Être bio, pour vous, c'est :

a) faire attention à l'environnement
b) faire le plus possible de choses soi-même
c) se faire du bien

6- Faire attention à son environnement, pour vous, c'est :

a) trier, recycler, ne pas gaspiller
b) ne pas prendre sa voiture pour un rien
c) la bonne occasion d'investir dans une trottinette

7- Votre look, c'est plutôt :

a) artisans du monde et pull en laine tricoté maison
b) coton équitable
c) soie et autres fibres naturelles

8- Les produits cosmétiques les plus efficaces sont pour vous :

a) les plus naturels possibles
b) ceux à base de plantes
c) ceux qui contiennent le plus de concentrés actifs

Résultats du test

Une majorité de **a**

Vous êtes à 100 % bio. Dans la vie de tous les jours, vous faites des efforts pour vous, mais aussi pour les autres. Vous êtes conscient(e) de votre environnement et ne négligez rien. Bravo, continuez !

Une majorité de **b**

Bio, oui, mais avec modération. Vous êtes informé, vous vous tenez à l'écoute des problèmes écologiques et vous essayez de faire au mieux sans vous empoisonner la vie.

Une majorité de **c**

Eh bien, « bio » ne veut pas dire grand chose pour vous. Vous n'êtes pas encore conscient(e) de ce que cela signifie. Ce livre devrait vous ouvrir de nouveaux horizons…

Recettes salées

Petits gestes bio de tous les jours

À la maison

Trier les déchets : carton, verre, compost, métal… Faire attention à l'eau : mettre une brique dans la cuve de la chasse d'eau (ou régler le flotteur) pour en réduire le volume ; fermer le robinet quand on se brosse les dents ; garder l'eau de rinçage de la salade pour arroser les plantes… Surveiller sa consommation d'électricité : éteindre dans les pièce où l'on n'est pas ; utiliser des ampoules à faible consommation…

Au marché

Préférer les producteurs de la région, n'acheter que des produits de saison.

En voiture

Ne pas prendre sa voiture pour une seule course, concentrer ses achats, pratiquer le covoiturage… et puis se remettre au vélo !

Au bureau

Ne pas imprimer tous les documents de façon systématique. Recycler cartouches d'encre, piles, stylos…Éviter l'usage intempestif des halogènes. Éteindre les appareils informatiques, le fax et la photocopieuse le soir.

Dans les magasins de vêtements

Regarder le pays de confection, boycotter les marques qui font travailler les enfants. Vérifier les matières, privilégier ce qui est naturel. Encourager le commerce équitable.

Dans sa cuisine

Varier les produits frais. Cuisiner le plus possible et éviter les plats préparés. Faire soi-même ses condiments et autres préparations : sucre aux épices, huile parfumée, graines, mueslis…

Duo de betterave à la coriandre

Si les betteraves se vendent partout, l'intérêt de les acheter dans une épicerie bio, c'est qu'on a une chance d'en trouver des crues ! Eh oui, c'est le seul légume à être souvent commercialisé cuit, même sur les marchés, alors qu'il se consomme tout aussi bien cru, par exemple râpé avec des carottes ou dans une salade composée. On trouve la betterave aussi sous forme de jus, et c'est ainsi qu'on l'utilisera dans cette recette, grâce aux miracles de gélification accélérée que permet l'agar-agar, cette algue en paillettes que l'on trouve dans toutes les épiceries bio. Le petit jeu consiste à mélanger la betterave cuite et le jus de betterave gélifié. Mais rien ne vous empêche d'appeler cette recette « trio » et d'y ajouter de la betterave crue !

Pour 2 personnes

· I betterave crue
· I jus de betterave
· I citron (jus)
· 5 brins de coriandre
· I petit morceau de gingembre
· I sachet d'agar-agar
· I filet d'huile d'olive
· sel et poivre

Verser le jus de betterave dans une casserole et le porter à ébullition. Ajouter l'agar-agar en respectant la dose selon les indications du paquet. Verser dans des petits moules à glaçons et attendre que le liquide refroidisse et gélifie. Peler la betterave et la couper en cubes. Disposer sur une assiette les betteraves et les cubes de jus de betterave. Arroser du jus de citron et de l'huile d'olive. Saler et poivrer, puis parsemer de coriandre ciselée et de gingembre râpé.

Variantes

Ajouter des épices (gingembre, baies roses, cumin…) ou encore du zeste d'orange ou de citron dans le jus de betterave. Gélifier d'autres jus de légumes et incorporer ces cubes dans des salades composées insolites tout en couleurs.

Mousse de lentilles corail

Les lentilles sont des légumineuses aux potentiels culinaires infinis, aussi bien chaudes que froides, sans compter qu'elles sont très riches en protéines, en fibres et en minéraux, en particulier en fer et en magnésium. Les lentilles corail, de couleur orangée, présentent la particularité de cuire très vite. On les trouve notamment dans les épiceries d'Afrique du Nord... et dans les magasins bio ! Cette recette curieusement mousseuse utilise un autre ingrédient bio très intéressant : la purée d'amandes (à utiliser dans toutes sortes de purées de légumes, d'ailleurs). Il en résulte un plat très doux, à servir soit à l'apéritif, dans des verrines, accompagné de gressins, soit en tartine sur des galettes, soit en accompagnement d'un plat de viande ou d'une poêlée de légumes. Chaude ou froide, cette mousse est un régal qui plaît beaucoup aux enfants pour sa douceur.

Pour 1 grand bol

· 150 g de lentilles corail
· 25 g de purée d'amandes
· 2 gousses d'ail
· 1 c. à c. de cumin en poudre
· huile d'olive
· sel et poivre

Faire cuire les lentilles dans une grande casserole d'eau légèrement salée pendant une vingtaine de minutes. Au bout de ce temps, quand les lentilles sont bien tendres, les mettre dans la cuve d'un mixeur et ajouter l'ail, la purée d'amandes et le cumin puis mixer. Ajouter de l'huile d'olive au fur et à mesure jusqu'à ce que le mélange soit onctueux. Goûter, saler et poivrer. Servir chaud ou refroidi.

Variante

Très bon aussi avec de la purée de sésame et de la coriandre.

Velouté brassé aux herbes et mélange de graines

En dégustant cette recette, fermez les yeux. Vous allez être immédiatement transporté à la campagne et vous pourrez imaginer les vaches, les poules et les canards. Si vous avez l'habitude de consommer des yaourts et des fromages blancs de grande surface, vous allez certainement être étonné par le goût du fromage blanc bio, qui sent vraiment la vache et le lait. C'est très déroutant la première fois. Je vous conseille d'essayer plusieurs marques, car les goûts diffèrent notablement. Dégustez ce velouté bien frais en entrée avec du pain de campagne ou en plat avec des pommes de terre sautées. Et pourquoi pas au petit déjeuner, à la place d'un muesli sucré ? Car les mélanges de graines sont l'une des ressources, et non des moindres, de tout magasin bio : pourquoi les réserver seulement au muesli ?

Passer à l'eau toutes les herbes et les sécher à l'aide d'un papier absorbant. Verser le fromage blanc dans la cuve d'un mixeur, puis ajouter les herbes. Mixer jusqu'à ce que le mélange soit bien homogène. Saler, poivrer et mixer de nouveau. Goûter et rectifier l'assaisonnement si nécessaire. Laisser au frais pendant 1 bonne heure afin que les saveurs des herbes se diffusent bien. Ajouter le mélange de graines avant de servir.

Pour 2 personnes

· 1 pot de fromage blanc bio lisse à 40 %
· 1 poignée de persil frais
· 1 poignée de basilic frais
· 1 poignée de ciboulette fraîche
· 2 poignées de mélange de graines
· sel et poivre

Astuce

Variez les herbes : cerfeuil, coriandre, pourpier…

Potage de lentilles corail

Les lentilles corail, si faciles à trouver dans les magasins bio, présentent l'avantage de se mixer facilement et d'être particulièrement digestes. En hiver, quand on a envie pour dîner d'un bon bol de soupe pour tout repas, elles présentent une alternative intéressante aux légumes. Comme elles sont très nourrissantes, un bol suffit. Cette recette est aussi l'occasion de tester les cubes de bouillon bio : ils sont moins salés que ceux que l'on trouve en grande surface et forts en goût.

Pour 4 bols

- 150 g de lentilles corail
- 2 cubes de bouillon de légumes bio
- 1 oignon
- 1 gousse d'ail
- 2 carottes
- 1 branche de thym
- huile d'olive
- sel et poivre

Éplucher l'oignon et l'ail puis les couper en petits morceaux. Éplucher également les carottes et les couper en rondelles fines. Faire chauffer une cocotte avec un peu d'huile d'olive et y faire revenir l'oignon, l'ail et les rondelles de carotte. Écraser les cubes de bouillon dans 1 litre d'eau froide et le verser dans la cocotte. Ajouter les lentilles corail, la branche de thym, du sel et du poivre. Porter à ébullition et faire cuire pendant une trentaine de minutes. Goûter pour rectifier l'assaisonnement, mixer ou non et servir bien chaud.

Laurier Sauce, dont les
nobilis   persistant

Omelette croustillante aux flocons de quinoa soufflé et aux graines germées

Une omelette croustillante ? Bizarre, n'est-ce pas ? C'est que l'on ajoute aux œufs une céréale qui rend le résultat semblable à une épaisse galette à la fois moelleuse et croquante. Cette recette propose l'utilisation de flocons de quinoa soufflé, mais on peut aussi utiliser du riz, de l'épeautre, du blé, pourvus qu'ils soient soufflés. Pour relever le goût de l'œuf, on recouvre l'omelette de ces petites graines germées que l'on trouve dans les magasins bio, qui sont si fraîches et si piquantes. Le gomasio (sel de sésame) lui apporte une touche finale. Un plat complet à servir par exemple lors d'un brunch.

Pour 2 personnes

- 3 œufs
- 1/2 verre de lait
- 2 c. à s. de flocons de quinoa soufflé
- 1 petite barquette de graines germées
- 2 c. à s. d'huile d'olive
- 1 c. à c. de gomasio (sinon, du sel)
- 1 pincée de poivre

Casser les œufs dans un bol et les battre en omelette. Ajouter le lait tout en continuant de mélanger puis ajouter les flocons de quinoa soufflé. Assaisonner. Faire chauffer 1 c. à s. d'huile d'olive dans une poêle et y verser le mélange. Quand l'omelette commence à prendre, déposer sur le dessus les graines germées et rajouter un peu d'huile d'olive. Déguster bien chaud. Saler et poivrer de nouveau si nécessaire.

Quiche fumée et salade d'herbes

Ceux d'entre vous qui ont déjà goûté au tofu n'en gardent peut-être pas un souvenir très heureux. C'est un produit dérivé du soja, que l'on réalise en faisant coaguler le tonyu, ou lait de soja, qui est extrait des graines mises à tremper puis broyées. Il en résulte une substance gélatineuse dense, vendue en cubes dans son jus, qui est parfois appelée « fromage de soja ». L'aspect n'est pas très attrayant, et le goût est fade. Mais il y a une solution pour apprendre à aimer le tofu : le choisir fumé ! Moins humide et bien moins fade, il devient un ingrédient très commode. Faites le test comme je l'ai fait moi-même en incorporant des petits cubes de tofu fumé dans une quiche : mes enfants n'y ont vu que du feu et ont été persuadés de manger une quiche aux lardons fumés.

Pour 4 personnes

- 1 pâte brisée
- 250 g de tofu fumé
- 2 œufs
- 4 oignons
- 1 grand verre de lait
- 1 bouquet de coriandre
- 1 bouquet de persil
- 1 c. à s. d'huile de sésame
- 1 c. à s. d'huile d'olive
- poivre

Préchauffer le four à 180 °C. Éplucher puis couper les oignons en lamelles. Faire chauffer l'huile d'olive dans une poêle et y faire revenir les oignons. Couper le tofu fumé en dés (en vérifiant les conditions d'utilisation sur le paquet : certains tofus, conditionnés sous vide, nécessitent d'être réhydratés). Casser les œufs dans un bol et les battre vigoureusement au fouet avec le lait. Poivrer légèrement. Étaler la pâte dans un moule, y déposer les oignons et les dés de tofu. Verser ensuite les œufs battus. Faire cuire pendant une trentaine de minutes. Pendant ce temps, ciseler finement la coriandre et le persil. Quand la quiche est cuite, la servir chaude, accompagnée de cette petite salade d'herbes arrosée de l'huile de sésame.

Pâtes à la spiruline et aux algues konbu

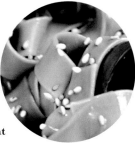

On nous en vante les mérites et les Japonais en raffolent, mais s'il y a bien un ingrédient typique des épiceries bio que l'on ne sait pas comment utiliser, ce sont les algues ! On les trouve en barquettes, au rayon frais ; elles sentent bon les vacances à la mer. Mais qu'en faire ? On a choisi ici de les associer à des pâtes qui vous séduiront par la couleur magnifique qu'elles auront dans le paquet, bleu vert turquoise : des pâtes à la spiruline… encore une algue ! Parmi les algues fraîches, choisissez les konbu, pour leur texture charnue, croquante, et leur petit goût iodé. C'est un plat complet, riche en protéines et en minéraux.

Pour 2 personnes

· 250 g de pâtes à la spiruline
· 1 barquette d'algues konbu
· 4 c. à s. d'huile de colza
· 1 citron
· 2 c. à s. de graines de sésame

Faire cuire les pâtes selon les indications portées sur le paquet. Pendant ce temps, laver les algues plusieurs fois sous l'eau froide afin de les dessaler un peu. Faire chauffer une poêle sans matière grasse et y faire griller le sésame. Couper les algues si nécessaire et les mettre dans un grand saladier. Prélever le zeste du citron, en presser le jus et ajouter les deux aux algues. Les arroser ensuite d'huile de colza. Dès que les pâtes sont cuites, les égoutter et les verser dans le saladier. Saupoudrer de sésame grillé et déguster bien chaud.

Caviar de nori sur pommes de terre

Saviez-vous que vous avez sûrement déjà mangé des algues, et même précisément de la nori, l'algue la plus consommée au monde ? Eh oui, c'est celle qui enveloppe les makis. Son goût fort fait penser à la fois au thé et aux champignons. On peut l'incorporer dans des bouillons ou encore l'émietter dans une salade, sur une viande ou un poisson. Si elle est vendue sèche pour rouler les makis, on la trouve aussi fraîche, en barquettes. C'est sous cette forme fraîche qu'elle est utilisée dans cette recette.

Pour 3 personnes

- 1 barquette de nori
- 3 pommes de terre
- 2 c. à s. d'huile d'olive
- 1 citron
- 3 c. à s. de graines de sésame
- poivre

Faire cuire les pommes de terre dans une casserole d'eau bouillante pendant une vingtaine de minutes. Laver et rincer les nori ou procéder comme indiqué sur la barquette. Les déposer sur une planche en bois et les couper finement. Prélever du citron le zeste et le jus. Verser l'huile d'olive et 1 c. à s. de jus de citron dans un bol. Émulsionner en battant à la fourchette et poivrer légèrement. Verser cette émulsion sur les algues et mélanger. Goûter et rectifier l'assaisonnement si nécessaire. Quand les pommes de terre sont cuites, les ouvrir en deux et y déposer 1 bonne c. à s. de nori puis parsemer de graines de sésame. Servir chaud, par exemple avec une salade.

Crêpes de flocons d'avoine au comté

Au quotidien, on consomme les flocons d'avoine essentiellement au petit déjeuner, entre autres céréales, et, si on les cuisine, c'est pour préparer du porridge. Pourtant, cette céréale très ancienne, riche en glucides, en fer, en calcium, en fibres, en vitamines et en antioxydants, mérite d'être connue et plus souvent utilisée. Elle permet de réguler la glycémie, fait baisser le cholestérol et est réputée bénéfique pour le cœur. Les flocons gonflent rapidement dans l'eau ; il est dès lors très facile de les incorporer dans des préparations salées. Cette recette de crêpes en constitue un exemple, mais on peut lui inventer toutes sortes de variantes.

Pour 4 belles crêpes

· 125 g de flocons d'avoine
· 40 g de comté
· 1 oignon
· 1 bouquet de ciboulette
· 1 petite gousse d'ail
· 1 œuf
· 1 c. à s. d'huile
· sel et poivre

Mettre les flocons d'avoine dans un bol, les recouvrir d'eau bouillante, couvrir et laisser gonfler pendant une dizaine de minutes. Émincer finement l'oignon, l'ail et la ciboulette. Les ajouter aux flocons d'avoine et bien mélanger. Casser l'œuf dans un verre, le battre à la fourchette puis l'incorporer à la préparation. Ajouter aussi le comté râpé. Bien mélanger afin d'obtenir une préparation homogène. Saler et poivrer légèrement. Faire chauffer l'huile dans une poêle et y déposer des petits tas de préparation. Aplatir avec le dos d'une cuillère. Laisser cuire les crêpes pendant une dizaine de minutes sur chaque face. Servir avec une salade.

Astuce

Délayer un cube de bouillon dans l'eau bouillante avant de la verser sur les flocons.

Couscous de quinoa aux légumes

Le quinoa est une pseudo-céréale qui est cultivée et consommée depuis plus de 5 000 ans sur les hauts plateaux d'Amérique de Sud. Toutefois, il n'a pas attiré l'attention des conquérants espagnols, parce que la farine qui en est tirée est dépourvue de gluten, et donc impossible à utiliser pour faire du pain. Cette absence de gluten est précisément un atout aujourd'hui, à une époque où les allergies se développent. Ces petites graines sont donc devenues très à la mode. Autrefois cantonnées dans les épiceries bio, elles se trouvent maintenant dans les linéaires des grandes surfaces. Très digestes, riches en fer, en protéines et en acides aminés, elles sont une agréable alternative à la semoule de blé, y compris dans l'indétrônable couscous des familles !

Pour 4 personnes

- 2 verres de quinoa
- 250 g de pois chiches
- 4 carottes
- 2 poireaux
- 2 navets
- 2 oignons
- 1 c. à c. de cinq-épices
- 1 c. à c. de cumin en poudre
- 1 c. à c. de curcuma
- huile d'olive
- 1 pincée de sel

Éplucher les légumes. Couper les carottes et les oignons en rondelles, les navets en cubes et les poireaux en tronçons. Faire chauffer une poêle avec de l'huile d'olive et y faire blondir les oignons. Ajouter ensuite le cumin, le cinq-épices, les carottes, les poireaux et les navets. Mouiller avec 1 verre d'eau, couvrir et laisser mijoter pendant une quinzaine de minutes. Ajouter les pois chiches 5 minutes avant la fin de la cuisson ou quand les légumes deviennent tendres. Faire cuire le quinoa dans une casserole remplie d'eau parfumée au curcuma et légèrement salée, selon les indications du paquet. Mettre le quinoa dans un plat et le recouvrir de légumes. Servir chaud.

Chantilly de fromage blanc à la spiruline

La spiruline, cette algue bleu-vert en forme de spirale, est probablement l'aliment le plus complet qui soit. Elle contient non seulement une multitude de vitamines, de minéraux et d'oligoéléments, tous les acides aminés essentiels, des acides gras essentiels — oméga 3 et 6 —, de nombreux enzymes et des pigments, comme le bêtacarotène, mais aussi le taux de protéines le plus élevé jamais contenu dans un aliment ! Vieille de plus de trois milliards d'années, c'est l'une des toutes premières formes de vie apparues sur Terre, et il se pourrait bien qu'elle soit aussi l'avenir de l'homme. En effet, des scientifiques l'envisagent comme une solution au problème de la faim dans le monde. Ses bienfaits sont multiples : les antioxydants empêchent la formation des radicaux libres, donc le vieillissement de la peau ; les acides gras apportent souplesse et élasticité ; les micronutriments sont idéaux pour les cheveux, les ongles, les dents et les os. Seulement voilà : comment l'utiliser en cuisine ? Comme elle se vend en sachets de poudre très fine, on peut l'intégrer par exemple à une crème fouettée, qu'elle colorera joliment en vert. Son petit goût iodé la rend tout de même plus facile à incorporer dans des préparations salées.

Pour 8 petites verrines

- 40 cl de crème liquide
- 100 g de fromage blanc à 40 %
- 1 c. à s. de spiruline en poudre
- 2 c. à s. d'huile d'olive
- 1 botte de persil plat
- sel et poivre

Mixer le persil aussi finement que possible. Mélanger tous les ingrédients au fouet : la préparation doit être bien fluide. L'assaisonner puis la verser dans un siphon ou la monter en chantilly au fouet. Servir la mousse dans des petits verres et faire deviner aux convives de quoi il s'agit.

Rochers de flocons d'avoine au parmesan

L'un des avantages des flocons d'avoine, c'est qu'ils restent croustillants même après cuisson. En outre, ils sont très digestes, donc on peut se permettre de leur ajouter des ingrédients un peu plus lourds. Cette recette est une base simple que vous pourrez enrichir à votre façon : ajoutez par exemple des dés de tomates confites, des olives, des graines de lin, de courge, de sésame ou de tournesol, des herbes aromatiques variées ou encore des mélanges d'algues...

Pour 15 rochers

- 30 g de petits flocons d'avoine
- 75 g de farine semi-complète
- 30 g de beurre
  à température ambiante
- 20 g d'huile d'olive
- 60 g de parmesan râpé
- 1 jaune d'œuf
- 1 c. à s. de marjolaine
- sel et poivre

Préchauffer le four à 180 °C. Mettre la farine, les flocons d'avoine, le parmesan, la marjolaine, 1 pincée de sel et 1 pincée de poivre dans un grand saladier. Bien mélanger à l'aide d'une cuillère en bois. Casser l'œuf dans un petit bol et ne garder que le jaune. L'ajouter au mélange précédent ainsi que le beurre coupé en dés et l'huile d'olive. Mélanger du bout des doigts. Ajouter un peu d'eau si le mélange semble trop sec. Faire des petits tas de pâte sur une tôle garnie de papier sulfurisé et faire cuire pendant environ 20 min ou jusqu'à ce que la base des biscuits soit légèrement brune. Quand les rochers sont cuits, les laisser refroidir sur une grille.

Dulse tiède au chèvre

La dulse, cette algue très douce, à la saveur iodée et au petit goût de noisette, est délicieuse associée à du chèvre. Très ferme crue, elle vous surprendra par sa texture fondante après une légère cuisson. Elle est très riche en protéines, comme toutes les algues rouges. Dans cette recette, l'intérêt est de ressentir pleinement la sensation du croquant et de la douceur de cette algue. Le chèvre apporte du moelleux et une saveur laitière. L'huile de noisette relève le tout avec subtilité.

Pour 2 personnes

· I barquette de dulse
· 2 petits chèvres frais
· 2 c. à s. d'huile de noisette
· I filet de jus de citron
· I pincée de poivre

Rincer plusieurs fois les algues ou procéder selon les indications de la barquette. Choisir les plus belles afin de pouvoir les enrouler autour des petits chèvres frais. Les mettre au four dans un plat au bain-marie pendant une dizaine de minutes à 180 °C (un four vapeur, c'est encore mieux). Couper le reste des algues et les mettre dans un bol. Les assaisonner avec le jus de citron et l'huile de noisette. Poivrer légèrement et goûter afin de rectifier l'assaisonnement si nécessaire. Déposer le chèvre chaud sur les algues, par exemple sur une galette de riz soufflé (photo) et déguster immédiatement.

Variante

Faire un mélange avec d'autres algues.

Bavarois à l'huile essentielle de basilic et graines germées

Pour 2 personnes

- 250 g de fromage blanc à 40 %
- 1 ou 2 gouttes d'huile essentielle de basilic
- 1 citron
- 2 g d'agar-agar
- 1 barquette de graines germées
- huile d'olive
- sel et poivre

On connaît les huiles essentielles à mettre dans le bain ou dans les diffuseurs, mais saviez-vous que certaines se prêtent aussi à un usage alimentaire ? Attention, pas toutes ! Vérifiez bien sur l'emballage. Elles sont si puissantes qu'une seule goutte suffit à parfumer tout un plat. Afin d'optimiser leur arôme, il est bon de les mélanger à un corps gras (ici du fromage blanc à 40 %). Un peu d'agar-agar, et vous obtiendrez une consistance de flan plus rapidement et plus sainement qu'avec une feuille de gélatine.

Verser le fromage blanc dans un bol et le battre au fouet pour l'assouplir. Ajouter l'huile essentielle (1 ou 2 gouttes, selon le goût : le parfum est très puissant) et bien mélanger. Prélever le zeste et le jus du citron puis les ajouter au mélange. Battre au fouet afin que le mélange soit bien homogène. Goûter et rectifier l'assaisonnement si nécessaire. Verser 10 cl d'eau dans une casserole et y mettre la poudre d'agar-agar. Porter à ébullition et laisser frémir pendant 3 min. Verser ensuite ce mélange dans le fromage blanc tout en battant vigoureusement. Répartir la préparation dans deux verres ou deux petits pots et laisser au frais pendant environ 3 h pour que l'agar-agar prenne. Déposer quelques graines germées sur deux assiettes et démouler les bavarois. Ajouter 1 filet d'huile d'olive, 1 pincée de sel et de poivre, puis déguster bien frais.

Variantes : huile essentielle de thym, d'origan, de bergamote…

Biscuits apéritifs aux graines de lin

Les graines de lin brun font partie de ces produits intrigants que l'on trouve dans les épiceries bio, dans lesquelles on a envie de plonger les doigts (elles sont si douces au toucher !) mais dont on ne sait pas quoi faire. Et, pourtant, la liste de leurs vertus est longue. Elles sont notamment réputées pour leur forte teneur en omega 3. Seulement, pour profiter de ces bienfaits, les graines doivent être fraîchement moulues et ne doivent pas être cuites à plus de 200 °C. Ces petits biscuits rustiques sont donc une bonne façon de profiter de leur goût délicat et de leurs propriétés. Avec un verre de vin doux, ils remplaceront agréablement un paquet de chips. Ils sont également délicieux en accompagnement d'une soupe ou d'un fromage.

Verser les farines dans la cuve d'un robot et ajouter le cumin, les graines de lin, l'œuf et l'huile d'olive. Bien mixer et ajouter un peu d'eau pour détendre le mélange. Faire une boule et la laisser reposer pendant 1 h au frais pour que le cumin se diffuse dans la pâte. Préchauffer le four à 180 °C. Fariner le plan de travail et y déposer la boule de pâte. L'étaler au rouleau à pâtisserie puis découper des rectangles au couteau. Les déposer sur une toile en silicone ou sur une feuille de papier sulfurisé et faire cuire pendant une quinzaine de minutes. Laisser refroidir sur une grille.

Pour 4 personnes

- 80 g de farine complète
- 50 g de farine ordinaire
  (+ pour le plan de travail)
- 1 œuf
- 4 c. à s. d'huile d'olive
- 1 c. à c. de cumin en poudre
- 1 c. à s. de graines de lin

Variantes

Varier les graines : tournesol, courge, sésame… Varier les farines : sarrasin, épeautre, son… Varier les épices : noix muscade, cinq-épices, curry…

Tartine au chèvre, aux graines germées et au gomasio

Ne dit-on pas que les choses simples sont les meilleures ? Cette tartine rustique allie plusieurs ingrédients bio aussi bons pour la santé qu'au goût. Si l'huile de sésame ne vous évoque que la cuisine asiatique, redécouvrez son petit goût grillé associé au fromage. C'est aussi le sésame grillé qui rentre dans la composition du gomasio, ce condiment japonais qui remplace avantageusement le sel (le japonais *goma* signifie « sel »), avec une moindre teneur en sodium au profit d'une saveur plus parfumée. Quant aux graines germées, elles sont parfois si piquantes qu'il est bon de les dompter avec la douceur du pain et du fromage.

Pour 1 tartine

- 1 tranche de pain complet
- 1 poignée de graines germées
- 1 petit chèvre frais
- 1 c. à s. d'huile de sésame
- 1 c. à c. de gomasio

Faire griller le pain dans un grille-pain. Déposer dessus les graines germées, puis le chèvre frais. Verser 1 filet d'huile de sésame puis saupoudrer de gomasio. Déguster immédiatement.

Variantes

Sur la photo, on a mis des graines de courge. On peut aussi ajouter des lamelles de pomme et 1 filet d'huile de noisette. Si l'on passe rapidement la tartine sous le gril du four, on obtient un chèvre coulant. Et puis, il existe de nombreuses variétés de graines germées à tester pour varier les plaisirs.

Pommes de terre en croûte de sésame

Le principe consiste à enrober les pommes de terre d'un mélange à base d'œuf qui permet d'y maintenir collées les graines de sésame, avant de les faire ensuite revenir à la poêle. Il en résulte une fine croûte succulente qui se marie bien avec la pomme de terre. Même les enfants adeptes des frites nature devraient être séduits par ces faux nuggets. Si les morceaux sont petits, on peut les servir à l'apéritif, par exemple avec une petite sauce au fromage blanc et aux herbes.

Pour 2 personnes

· 400 g de petites pommes de terre
· 2 c. à s. de farine complète
· 1 petit œuf
· 1 c. à s. de lait
· 3 c. à s. de graines de sésame grillées
· 6 brins de ciboulette
· huile de tournesol
· sel et poivre

Faire cuire les pommes de terre dans une grande casserole d'eau bouillante. Les peler ou non, au choix. Selon leur taille, les laisser entières ou les couper en rondelles. Mettre la farine dans une assiette et y ajouter du sel et du poivre. Battre le lait et l'œuf dans un petit bol. Parsemer une assiette de sésame. Sécher les pommes de terre cuites avec du papier absorbant. Les rouler dans la farine, les tremper dans l'œuf puis les rouler dans le sésame. Faire chauffer une poêle avec de l'huile et y faire revenir les pommes de terre. Parsemer de ciboulette ciselée et déguster bien chaud, par exemple avec une salade verte.

Tofu et haricots mungo sautés

Le tofu, on l'a déjà dit, c'est bon pour la santé, mais pas toujours du goût de tout le monde, à cause de sa texture molle et de sa saveur fade. L'une des solutions consiste à le faire mariner puis sauter. En effet, il prend très facilement les goûts : plus on le laissera mariner, meilleur il sera (il est donc conseillé de préparer la marinade la veille et de l'y laisser tremper pendant la nuit). Une fois sauté, il change de texture, devient plus ferme. Quant aux haricots mungo germés, sachez-le, c'est ainsi que, dans les magasins bio, on appelle tout simplement les germes de soja.

Pour 2 personnes

• 120 g de tofu
• 400 g de haricots mungo
• 1 ciboule
• 1 gousse d'ail
• 1 c. à s. de sauce soja
• 1 c. à s. de vinaigre de xérès
• 1 c. à s. de jus d'orange
• 2 c. à s. d'huile de sésame
• 1 c. à s. de graines de sésame grillées

Faire une marinade en mélangeant la sauce soja, le vinaigre de xérès, le jus d'orange, la ciboule et l'ail hachés. Couper le tofu en cubes et le laisser mariner le plus longtemps possible. Égoutter le tofu et garder la marinade. Faire chauffer l'huile dans une poêle et y faire revenir le tofu. Réserver. Mettre les haricots mungo dans la poêle encore chaude, les faire sauter pendant 1 min, ajouter la marinade et prolonger la cuisson de quelques minutes. Ajouter le tofu juste à la fin pour le réchauffer, verser dans les assiettes, parsemer de sésame grillé et servir bien chaud.

Recettes sucrées-salées

Les paniers gourmands de saison

Connaissez-vous le système des paniers bio ? Il fonctionne par abonnement : vous recevez chaque semaine chez vous un panier de fruits et de légumes issus de petits producteurs, qui choisiront les produits de saison qu'ils ont dans leur jardin. En général, trois formules sont proposées, autour de 10, de 15 et de 20 euros.

Printemps

1
betterave, cardon, mâche, topinambour, panais, pomme

2
asperge, blette, épinard, frisée, oseille, cresson

3
radis rose, haricot vert, laitue, scarole, pourpier, artichaut, cerise, rhubarbe

Été

1
courgette, fenouil, laitue, petit pois, cerfeuil, fraise, framboise

2
aubergine, brocoli, concombre, pomme de terre, tomate, abricot, brugnon, figue, groseille, mûre

3
ail, carotte, maïs, fenouil, cassis, melon, pêche, prune, raisin

Automne

1

chou de Bruxelles,
courge, girolle,
poireau, poivron,
salsifis, raisin

2

navet, chicorée,
topinambour, chou,
champignon, châtaigne,
coing, noix, pêche de
vigne, pomme,
poire

3

crosne, échalote,
radis rose, haricot vert,
mâche, navet, céleri
branche, figue,
noix

Hiver

1

céleri, chou,
crosne, endive,
navet, pomme,
poire

2

betterave,
cardon, rutabaga,
fenouil

3

potiron,
potimarron, courge
butternut, crapaudine,
mâche, oseille,
pomme

Flans de panais à la noix muscade

Une recette très facile de flan sans œuf, grâce à l'usage de tofu soyeux. Le panais a le vent en poupe, on le trouve de plus en plus souvent sur les étals des marchés, et bien sûr au rayon frais des épiceries bio. On l'épluche et on le cuit comme une carotte ; sa saveur est douce, elle plaît bien aux enfants. En outre, c'est une bonne source de potassium et d'acide folique. Si vous trouvez le goût du panais trop prononcé, mélangez-le avec des carottes, du brocoli ou du chou-fleur.

Pour 2-4 personnes

· 300 g de panais
· 2 pommes de terre
· 200 g de tofu soyeux
· 1 c. à c. de crème de riz
  (sinon, de Maïzena)
· 2 c. à s. de lait
· 1 c. à c. de noix muscade râpée
· 4 c. à s. de coriandre
· 4 c. à s. de raisins secs
· sel et poivre

Éplucher les panais et les pommes de terre ; les couper en lamelles. Les faire cuire dans un grand volume d'eau bouillante salée jusqu'à ce qu'ils soient bien tendres, soit pendant une vingtaine de minutes, et préchauffer le four à 160 °C. Égoutter les panais et les pommes de terre puis les mettre dans la cuve d'un robot. Ajouter la noix muscade, 1 pincée de sel et de poivre, la crème de riz et un peu de lait puis mixer. Il faut que la purée soit bien homogène et lisse. Ajouter du lait si nécessaire. Goûter pour rectifier l'assaisonnement. Ajouter le tofu et bien mixer jusqu'à ce que le mélange soit lisse. Le verser dans un plat allant au four et faire cuire pendant 30 min. Ciseler la coriandre puis en parsemer le flan. Ajouter les raisins secs et déguster bien chaud, par exemple avec une salade.

Poulet sucré-salé au sésame

Faire ses courses dans un magasin bio, c'est aussi l'occasion de déguster du poulet fermier, du vrai, provenant d'animaux à qui il est arrivé de courir dehors sur leurs deux pattes, et tous les jours s'il vous plaît. Rien à voir avec les poulets de batterie à la chair molle et fade, croyez-en la fille élevée à la campagne que je suis. Le sésame, riche en fibres et en minéraux, lui apporte une touche d'exotisme. Quant à l'association avec le pamplemousse, elle peut sembler audacieuse, mais songez au poulet à l'ananas que vous avez sûrement déjà goûté dans un restaurant chinois : pourquoi ne pas tester l'association avec d'autres fruits ?

Pour 2 personnes

· 2 blancs de poulet fermier bio
· 2 pamplemousses
· 4 c. à s. de sauce soja
· 4 c. à s. de miel liquide
· 4 c. à s. de graines de sésame
· 4 c. à c. d'huile d'olive

Dégraisser les blancs de poulet si nécessaire et les couper en petits morceaux. Prélever les suprêmes des pamplemousses (les quartiers de chair sans membrane). Faire chauffer une poêle avec l'huile d'olive et y faire revenir les morceaux de poulet. Mélanger la sauce soja avec le miel et les graines de sésame dans un bol. Ajouter les quartiers de pamplemousse dans la poêle et les faire griller de chaque côté. Verser la sauce sur le poulet au pamplemousse et laisser caraméliser tout en remuant délicatement. Servir immédiatement.

Variantes

On peut réaliser la même recette avec du saumon : garder la darne de saumon entière et la cuire du côté peau, puis ajouter la sauce à mi-cuisson. On peut aussi adapter la recette avec d'autres fruits, comme l'orange ou l'ananas.

Petits pots de beurre parfumé

Que ce soit pour un petit déjeuner, un brunch, un goûter ou un dîner, étonnez vos convives en leur proposant des beurres aromatisés dont ils devront deviner les composantes. Le mélange du pêcheur est fait de paillettes d'algues variées. Le gomasio est un condiment salé au sésame. Quant aux huiles essentielles, vérifiez bien qu'elles sont destinées à un usage alimentaire, et n'ayez surtout pas la main lourde.

Laisser le beurre à température ambiante et le couper en 5 parts égales. En mélanger une avec le mélange du pêcheur, en malaxant bien à la fourchette, le mettre dans un petit pot et le laisser figer au frais. Procéder de même en incorporant dans la deuxième portion du gomasio (goûter pour évaluer la quantité : sa puissance varie selon les marques), dans la troisième et la quatrième, une huile essentielle, et enfin le pollen dans la dernière.

Pour 5 petits pots de beurre

- 1 plaque de beurre de 250 g
- 2 c. à s. de mélange du pêcheur
- 2 c. à s. de gomasio
- 2 gouttes d'huile essentielle de basilic
- 2 gouttes d'huile essentielle d'orange douce
- 2 c. à s. de pollen multifloral

Suggestions de tartines

Beurre du pêcheur : avec des graines germées, des filets de poissons fumés ou du tofu. **Beurre au gomasio :** avec du fromage frais, du miel, des tranches de concombre, du jambon. **Beurre de basilic :** avec des tomates, du chèvre, de la salade ou des pousses fraîches. **Beurre à l'orange douce :** avec du miel, de la purée d'amandes, de la compote de fruits et du jambon fumé. **Beurre au pollen :** avec du chèvre, du jambon, des crudités, de la salade, de la confiture, des fruits frais ou de la compote.

Pain au miel et aux graines de pavot

Si vous avez résisté à la mode des machines à pain, vous pouvez tout de même réaliser facilement ce pain maison. Et si vous avez une machine, eh bien, laissez-la de côté pour une fois : les machines ont souvent tendance à ne pas faire cuire le pain suffisamment longtemps pour qu'il ait une vraie croûte, or c'est ce qui fait le charme de cette recette ! Grâce à la présence du miel, la mie est très douce, ponctuée de graines de pavot croquantes. Les boulangers ont du souci à se faire pour garder leur clientèle !

Pour 1 pain de 400 g

- 250 g de farine semi-complète
- 1 c. à s. de levain
- 1 c. à s. de miel
- 1 c. à s. de lait
- 2 c. à s. de graines de pavot
- 1 c. à c. de sel

Mettre dans la cuve d'un robot la farine, le miel, le sel et le levain avec 16 cl d'eau. Actionner le robot et mélanger pendant une dizaine de minutes. Sortir la pâte du robot et la pétrir à la main afin de chasser l'air. La mettre dans un saladier et la laisser lever. La malaxer à nouveau dans tous les sens pour chasser l'air et la remettre dans le saladier pour une seconde levée.

Préchauffer le four à 220 °C. Fariner un plan de travail et y déposer la pâte. Rabattre les bords vers l'intérieur pour former une boule ou une forme régulière. Déposer le pâton sur une plaque allant au four, tracer deux traits à sa surface et le badigeonner de lait. Saupoudrer de graines de pavot et faire cuire de 30 à 40 min.

Variantes

À la place des graines de pavot, on peut mettre des graines de cumin, de coriandre, de sésame ou de lin.

Salade de graines de poireau aux champignons et aux fruits secs

Les graines germées se trouvent facilement dans les magasins bio ou se font pousser à la maison, dans des germoirs conçus pour cet usage ou bricolés. Les jeunes pousses de poireau ont une saveur piquante qui s'allie très bien à la douceur des champignons et des fruits secs. Elles sont riches en calcium, en fer, en iode, en zinc, en cuivre et en vitamines A, B, C et E. Quant à la vinaigrette, vous la découvrirez sous un autre goût une fois que vous y aurez ajouté de la purée de sésame : une idée à exploiter dans toutes sortes de salades. Afin d'obtenir une vinaigrette plus douce, vous pouvez utiliser de la purée d'amandes blanches ou de noisettes.

Pour 2 personnes
- 1 petite barquette de graines de poireau germées
- 2 champignons de Paris
- 1 poignée de fruits secs

Pour la vinaigrette
- 1 yaourt
- 1 c. à s. de purée de sésame
- 1 citron (jus)
- sel et poivre

Frotter puis peler les champignons de Paris. Les couper en lamelles fines. Faire une petite vinaigrette en émulsionnant le yaourt, la purée de sésame, le jus de citron, du sel et du poivre. Déposer les graines germées dans un bol et les démêler afin de les aérer. Ajouter les champignons puis les fruits secs. Verser la vinaigrette et bien mélanger. Goûter et rectifier l'assaisonnement si nécessaire.

Astuce
Faire torréfier les fruits secs dans une poêle, sans matière grasse.

Lassi chèvre et miel

Saviez-vous que Zeus, la divinité suprême de l'Olympe, avait été nourri au lait de la chèvre Amalthée, garant de sa toute-puissance ? La mythologie raconte aussi que très vite il fut si fort qu'il cassa par inadvertance une corne de sa nourrice et qu'il la transforma en corne d'abondance. Le lait de chèvre est donc excellent pour la santé. Il est plus digeste que le lait de vache, mais il présente un goût très prononcé, que l'on peut apprécier ou non. Sachez que celui-ci s'atténue une fois le lait bouilli. Présenté sous cette forme de « milk-chèvre », il se déguste au petit déjeuner ou en fin de repas, à la place du fromage.

Pour 1 verre

· 1/2 verre de lait de chèvre
· 1 yaourt au chèvre
· 1 c. à s. de miel
· 1 c. à s. d'huile de sésame
· 1 c. à s. de graines de tournesol germées

Mettre le lait dans la cuve d'un blender avec le yaourt et le miel puis bien mixer. Verser dans un verre et le mettre au frais. Avant de déguster, ajouter un peu d'huile de sésame et quelques graines de tournesol germées.

Mille-feuilles de pain de fleurs au tofu fumé et aux agrumes

Le pain de fleurs que l'on trouve dans les magasins bio est proche de ce que vous connaissez sous le nom de Cracotte. C'est une sorte de biscotte très légère réalisée à base d'autres farines que la farine de blé, comme la farine de châtaigne ou de sarrasin. Elle ne comporte donc ni gluten, ni matière grasse, ni levure, ni œuf, ni trace de produit laitier. Tolérance maximale ! Mais, ce que l'on aime le plus, c'est sa texture croustillante. On peut l'utiliser pour des sandwichs, à condition de les confectionner à la dernière minute afin de conserver le craquant. Le tofu fumé, lui, a le très bon goût du lard fumé, l'origine animale en moins.

Pour 2 personnes

· 6 tranches de pain de fleurs
· 1 barquette de germes de radis
· 1 tranche de tofu fumé
· 1 orange
· 1 pamplemousse
· 1 c. à s. de graines de sésame grillées
· 1 c. à s. d'huile de sésame

Prélever les suprêmes de l'orange et du pamplemousse, c'est-à-dire les quartiers sans leur membrane. Couper le tofu fumé en fines lamelles. Ouvrir la barquette de germes de radis et les démêler. Garnir 1 tranche de pain de fleurs d'un peu de germes de radis, de tranches d'agrumes puis de lamelles de tofu fumé. Verser un peu d'huile de sésame. Couvrir de 1 tranche de pain de fleurs et recommencer l'opération. Couvrir avec la troisième tranche. Ajouter un filet d'huile de sésame et parsemer de sésame grillé. Procéder de même avec le reste des ingrédients pour confectionner l'autre mille-feuille.

Astuce : on peut aussi arroser les graines germées d'une vinaigrette crémeuse réalisée avec 1 yaourt, de la pâte de sésame et 1 filet de jus de citron.

Salade de germes aux chips de pomme

Les chips de pomme peuvent se servir à l'apéritif ou se grignoter au goûter, mais elles rentrent aussi délicieusement dans une salade composée. On les trouve en sachets, où elles sont presque aussi croustillantes que des chips de pomme de terre, mais aussi en lamelles déshydratées, vendues au poids. D'ailleurs, parmi les nombreux rayons attrayants des épiceries bio, celui des fruits séchés est souvent impressionnant. On y trouve non seulement des pommes, mais aussi des poires, des mangues, des ananas, des figues et même des fraises et des kiwis. L'autre intérêt de cette salade, c'est la vinaigrette à base de pâte de noisettes, que vous pourrez utiliser avec d'autres crudités.

Laver les feuilles de salade et les essorer. Faire bouillir de l'eau et y ajouter le sachet de thé rouge puis les raisins secs afin qu'ils gonflent. Faire griller les cerneaux de noix à sec dans une poêle. Faire une vinaigrette en battant le yaourt dans un bol avec la pâte de noisettes, le jus de citron, du sel et du poivre. Brasser les feuilles de salade et les graines germées dans un saladier. Ajouter les noix, les graines et les raisins égouttés. Arroser de vinaigrette, parsemer de chips de pomme et déguster.

Pour 2 personnes
- 1 barquette de graines germées
- 1 cœur de laitue
- 2 poignées de chips de pomme
- 1 c. à s. de cerneaux de noix
- 1 c. à s. de raisins secs
- 1 c. à s. de mélange de graines
- 1 sachet de thé rouge

Pour la vinaigrette
- 1 yaourt
- 1 c. à s. de pâte de noisettes
- 1 citron (jus)
- sel et poivre

Variante
Vous pouvez également faire une vinaigrette avec de l'huile de noisette, du vinaigre de miel (à découvrir en épicerie bio), du sel et du poivre.

Verrines de crème de mangue au saumon

Le tofu soyeux, mixé avec la mangue, permet d'obtenir une consistance proche de celle du flan. Si la mangue est très mûre, il se peut qu'elle soit un peu trop liquide. Dans ce cas, la faire épaissir avec I c. à c. de crème de riz. Inutile d'ajouter du beurre ou de l'huile : le saumon est un poisson assez gras.

Pour 2 personnes

- I grosse darne de saumon
- 200 g de tofu soyeux
- I mangue
- I pincée de cumin en poudre
- coriandre fraîche
- sel et poivre

Éplucher la mangue et la couper en petits morceaux. Les mixer au robot avec le tofu soyeux et le cumin. Il faut que le mélange soit bien homogène. Goûter et rajouter éventuellement un peu de cumin. Préchauffer le four à 160 °C. Verser la préparation dans deux ramequins et faire cuire au four pendant 15 min. Pendant

ce temps, ôter la peau du saumon et détailler la chair en petits cubes. Ciseler finement la coriandre. Au bout de 15 min de cuisson des ramequins, y ajouter les petits cubes de saumon et prolonger la cuisson d'une dizaine de minutes (ou moins si l'on préfère le saumon rosé). Quand c'est cuit, saler, poivrer et parsemer de coriandre ciselée.

Variante

On peut remplacer le cumin par du curry doux.

Petits pains au sésame

Ces petits pains tout doux sont faciles à préparer. Le sésame parfume délicatement la pâte en lui donnant un léger goût de noix grillée. Vous pourrez les déguster soit avec du fromage, soit avec du miel ou de la confiture, à tout moment de la journée. Faire son pain soi-même procure une vraie sensation de plaisir, car vous le faites à votre façon et surtout en utilisant les ingrédients de votre choix. C'est amusant de varier et de mélanger les farines, le goût change énormément. Ensuite, vous pouvez ajouter ce que vous aimez : pépites de chocolat, dés de fruits confits, olives, tofu fumé…

Mettre dans la cuve d'un robot les farines, le sel et le beurre puis mélanger. Faire chauffer 4 c. à s. de lait dans une petite casserole avec 4 c. à s. d'eau. Mettre la levure et le sucre dans un bol et y verser l'eau et le lait. Laisser gonfler la levure pendant une quinzaine de minutes puis la verser dans la cuve du robot. Mixer puis laisser reposer la pâte dans un endroit tiède loin des courants d'air afin qu'elle puisse lever. Attendre environ 2 h. Préchauffer le four à 180 °C. Pétrir la pâte ou la mixer afin d'enlever l'air. Façonner ensuite 6 petites boules de pâton, les déposer sur une tôle et laisser gonfler pendant encore 30 min au moins. Badigeonner avec le reste du lait et parsemer de graines de sésame grillées. Faire cuire pendant 15 min puis laisser refroidir sur une grille.

Pour 6 petits pains

- 200 g de farine au choix
- 50 g de farine complète
- 15 g de beurre
- 7 g de levure de boulanger
- 1 c. à s. de sucre roux en poudre
- 6 c. à s. de lait
- 15 g de graines de sésame grillées
- 1 pincée de sel

Pickles de concombre

Les pickles sont un condiment à base de légumes confits au vinaigre. On les déguste avec des viandes, du jambon ou certains fromages. Pour garder les pickles longtemps, penser à stériliser le pot.

Couper les concombres et l'oignon en petits morceaux. Les mettre dans un bol et les saler pour qu'ils dégorgent. Verser le vinaigre dans une poêle ou une casserole et y ajouter le sucre et les graines de moutarde et de lin. Chauffer tout en remuant jusqu'à ce que le sucre soit fondu, puis porter à ébullition. Passer les concombres et l'oignon sous l'eau pour enlever le sel et les presser afin d'extraire le maximum d'eau. Ajouter les concombres et l'oignon dans la poêle ou la casserole puis porter à nouveau à ébullition. Laisser mijoter pendant 2 min : les légumes doivent rester croquants. Mettre les légumes dans un pot puis laisser bouillir le bouillon pendant encore une dizaine de minutes. Recouvrir ensuite les légumes de ce bouillon. Attendre que les pickles refroidissent pour fermer le pot.

Pour 1 pot

- 2 petits concombres cornichons
- 1 oignon
- 25 cl de vinaigre de vin blanc
- 4 c. à s. de sucre en poudre
- 1 c. à s. de graines de moutarde
- 1 c. à s. de graines de lin
- 1 c. à s. de sel de mer

Cassolette de saumon à la crème de soja

Parmi les produits bio à essayer absolument, il y a toute la gamme des briquettes de crèmes végétales : crème de riz, crème d'amandes ou crème de soja. Elles sont faciles d'utilisation et très pratiques. Leur goût est vraiment différent de celui de la crème liquide ordinaire, mais elles ont la même texture légèrement veloutée.

Pour 2 personnes

- 2 darnes de saumon
- 1 briquette de crème de soja
- 1 c. à c. de quatre-épices
- coriandre fraîche
- sel et poivre

Enlever la peau des darnes de saumon et couper le poisson en cubes. Verser la crème dans une casserole et la faire chauffer. Ajouter le quatre-épices, saler et poivrer légèrement. Goûter pour rectifier éventuellement l'assaisonnement. Mettre les cubes de saumon dans la casserole et baisser la température. Faire cuire pendant quelques minutes : il faut que le saumon reste rose à l'intérieur. Répartir dans des assiettes ou des bols et parsemer de coriandre fraîche ciselée. Déguster avec du riz complet, du quinoa ou des légumes.

Variante

On peut réaliser la même recette avec des morceaux de blanc de poulet ou de dinde.

Croque au pain d'épice

Le pain d'épice se déguste aussi bien avec du salé qu'avec du sucré. On le marie souvent aujourd'hui avec le foie gras, mais, avec le fromage, c'est également très bon. N'hésitez pas non plus à le passer au grille-pain pour qu'il soit tiède, mais veillez à le laisser très peu de temps : passé un certain délai, il devient dur et presque immangeable.

Il existe une multitude de variétés de pains d'épice. Pour commencer, testez vos expériences culinaires avec la variante la plus simple, au miel, et puis essayez tous les autres pains d'épice (personnellement, j'aime particulièrement celui au gingembre et à l'orange).

Pour 1 personne

· 3 tranches de pain d'épice
· 2 c. à s. de brousse
· 1 quartier de pomme
· 1 c. à c. de gingembre frais haché
· 2 c. à s. de graines germées
· 1 c. à c. de graines de sésame grillées
· huile d'olive
· quelques graines de courge

Mélanger la brousse avec le gingembre et de l'huile d'olive dans un petit bol. Passer rapidement les tranches de pain d'épice au grille-pain pour que le croque soit tiède. Déposer les graines germées sur 1 tranche de pain d'épice et les arroser d'un filet d'huile d'olive. Ajouter un peu de sésame grillé. Tartiner 1 tranche de pain d'épice de brousse au gingembre puis la poser sur les graines germées. Terminer par la dernière tranche de pain d'épice. Décorer avec quelques graines de courge et déguster tant que le pain est tiède.

Cocktail vitaminé

Que rêver de meilleur le matin pour être en pleine forme ? Des carottes pour le teint et les fibres, des agrumes pour la vitamine C et du persil pour sa teneur en vitamines et en minéraux. N'hésitez donc pas à vous faire une petite cure de ce délicieux cocktail pendant une semaine au moins ! Et voilà un nouvel usage de ce délicieux sirop de gingembre que l'on trouve dans les épiceries bio, et dont vous pourrez vous servir par ailleurs pour sucrer votre thé ou votre yaourt.

Pour 1 grand verre

- 20 cl de jus de carotte froid
- 1 citron (jus)
- 1 orange à presser (jus)
- 1 c. à c. de sirop de gingembre
- 2 c. à s. de persil haché

Verser le jus de carotte bien frais dans un mixeur. Presser le citron et l'orange puis ajouter les jus dans le robot. Adoucir avec du sirop de gingembre. Bien mixer, ajouter le persil et mixer de nouveau. S'il subsiste trop de petits morceaux de persil, passer le jus au tamis. Boire immédiatement et bien frais.

Variantes

Pour un jus plus onctueux de type smoothie, ajouter 1 banane à la préparation ou 3 c. à s. de tofu soyeux. On peut aussi varier les sirops.

Tarte à la brousse et aux poires

Une tarte très légère grâce aux feuilles de brick qui remplacent le fond de tarte habituel. La brousse a une texture légère et un goût de lait peu marqué, aussi est-il facile de l'associer à des fruits. La poire se cuit bien tout en restant ferme. Le fait d'y piquer des clous de girofle la parfume délicieusement. L'huile de courge apporte un petit goût de graines. Un conseil : retirez les clous de girofle avant de servir et remplissez les petits trous d'huile de courge.

Pour 2 petites tartes

· 2 feuilles de brick
· 1 poire
· 1 œuf
· 200 g de brousse
· 6 clous de girofle
· 1 filet d'huile de courge
· sel et poivre

Préchauffer le four à 180 °C. Déposer un moule à tartelette sur les feuilles de brick et découper tout autour. Répéter cette opération trois autres fois. Disposer les feuilles les unes sur les autres dans deux moules à tartelette. Battre la brousse avec l'œuf, saler et poivrer légèrement. Déposer le mélange sur les feuilles de brick. Peler la poire, la couper en deux et enlever la partie dure du milieu. Déposer chaque moitié de poire sur la brousse au centre des tartelettes. Piquer avec les clous de girofle. Faire cuire au four pendant une vingtaine de minutes. À la sortie du four, verser l'huile de courge sur les tartelettes. Les déguster tièdes avec une salade verte.

Poêlée d'épeautre aux pruneaux

On appelle aussi l'épeautre « blé des Gaulois ». C'est une céréale rustique qui a pour particularité de conserver une petite enveloppe autour de son grain. Elle est riche en protéines, en magnésium, en zinc, en cuivre et en fer. On peut la préparer de plusieurs façons : en soupe, poêlée, en gratin, sans compter la bière d'épeautre… Les pruneaux lui donnent un délicieux petit goût sucré et les oignons une saveur salée. Cette poêlée peut constituer un dîner complet ou accompagner par exemple un rôti de porc.

Pour 2 personnes

· 2 oignons
· 200 g d'épeautre précuit
· 6 pruneaux
· 2 c. à s. d'huile d'olive
· persil
· sel et poivre

Éplucher puis couper les oignons en fines lamelles. Les faire revenir avec l'huile dans une poêle chaude. Lorsqu'ils sont cuits et tendres, ajouter l'épeautre et 1 grand verre d'eau. Dénoyauter les pruneaux et les couper en quatre. Les ajouter à l'épeautre. Laisser cuire pendant une vingtaine de minutes. Saler et poivrer. Ciseler le persil et en parsemer la poêlée avant de servir.

Variante

Ajouter des abricots et/ou des raisins secs. Si les fruits sont très secs, les réhydrater dans du thé.

Galettes de riz à la poêle

Les galettes de riz sont la « folie » de mon fils Hugo. Il en mange toute la journée en les croquant à pleines dents avec joie. J'avoue que pour ma part je n'en raffole pas à ce point quand elles sont nature ; je les préfère nettement au chocolat ou avec du beurre et de la confiture. C'est Hugo qui a eu l'idée de cette recette un peu expérimentale. Il voulait faire comme pour du pain perdu. Le résultat est étonnant : quand on les met à cuire, les galettes se dégonflent et deviennent toutes fines. Seules, elles restent un peu sèches, mais elles se dégustent très bien accompagnées de ratatouille ou d'un épais coulis de tomates.

Pour 3 galettes

- 3 galettes de riz soufflé
- 1 œuf
- 2 c. à s. de lait
- 1 c. à c. de curry
- 1 c. à s. d'huile d'olive
- 2 c. à s. de graines

Battre l'œuf dans un bol avec le curry et le lait. Faire chauffer doucement l'huile d'olive dans une poêle. Tremper les galettes dans l'œuf et les mettre dans la poêle. Et là, surprise ! les galettes dégonflent et deviennent toutes fines. Ajouter les graines pour donner un peu de corps et de croquant aux galettes. Servir rapidement.

Variantes

On peut utiliser toutes sortes de galettes de céréales soufflées.

Recettes sucrées

Témoignages :
c'est quoi, « être bio », pour vous ?

« Cultiver mon potager. Acheter des produits d'artisans du monde ou d'associations. Veiller à ce qu'on ne fasse pas travailler les enfants. Faire les courses chez les petits producteurs. Cuisiner de saison et avec ce que l'on trouve sur place. »
Sylvie, 54 ans, forestière

« Éteindre la lumière quand on sort d'une pièce, essayer de ne plus acheter des produits avec des emballages importants, rester simple et faire le plus de choses soi-même. »
Béné, 39 ans, mère de famille

« Rechercher tous les légumes bio et tous les cosmétiques bio. Ne plus se laisser berner par les offres qui ne peuvent pas prouver qu'elles sont plus efficaces que les autres. Rechercher ce qui est le plus naturel possible. »
Chantal, 72 ans, prof de sciences naturelles à la retraite

« Ne pas manger des framboises en hiver ! »
Ghislain, 28 ans, sound designer

« Ne pas tirer la chasse d'eau pour un petit pipi : il ne faut pas gaspiller l'eau. Penser à la planète dans les petits gestes du quotidien, apprendre aux enfants à respecter l'environnement. »
Marc, 47 ans, entraîneur sportif

« Acheter des produits qui présentent le moins d'agents dangereux pour la santé possible, comme des pesticides, des engrais non naturels. Acheter des fruits et des légumes qu'on n'a pas besoin de laver ni parfois d'éplucher. Essayer de retrouver un goût plus naturel. Utiliser de la lessive bio pour moins polluer l'eau. »
Élisabeth, 42 ans, directrice commerciale export

Rondelles de pomme aux amandes

Voici un dessert de mon enfance, que j'avais l'habitude de déguster chez ma grand-mère. Nous l'avions souvent pour le soir, accompagné de fromage blanc très peu sucré. À la recette initiale, j'ai seulement ajouté de la cardamome. Elle ressemble au principe des tempuras asiatiques : une très fine couche à base de blanc d'œuf enrobe le fruit et forme une croûte légère, sauf que la pomme est ici cuite au four et non pas frite. Vous verrez : c'est doux, croquant, moelleux, fondant et vraiment délicieux. Et puis, c'est une occasion de découvrir les flocons d'épeautre, que vous pouvez remplacer par d'autres céréales.

Préchauffer le four à 180 °C. Faire griller les amandes effilées dans une poêle chaude sans ajout de matière grasse. Stopper la cuisson quand elles brunissent. Mettre les flocons d'épeautre, le sucre, la cardamome et la moitié des amandes effilées grillées dans le bol d'un robot. Mixer très brièvement afin d'obtenir une poudre grossière, surtout pas trop fine : il faut que ça croustille en bouche. Ajouter le reste des amandes à la cuillère pour ne pas les écraser. Battre à la fourchette le blanc d'œuf et le lait dans un bol. Vider le cœur dur des pommes, les peler si on le souhaite puis les détailler en grosses rondelles. Les tremper dans le mélange à l'œuf puis dans la poudre. Disposer les rondelles dans un plat à gratin et faire cuire au four pendant une quinzaine de minutes.

Pour 2 personnes

· 2 grosses pommes
· 15 g d'amandes effilées
· 40 g de flocons d'épeautre
· 1 c. à s. de sucre roux en poudre
· 1 pincée de cardamome moulue
· 1 petit blanc d'œuf
· 1 c. à s. de lait

Variantes

Varier les épices : vanille, cannelle, anis… À la place des flocons d'épeautre, utiliser des flocons d'avoine, des mélanges pour muesli…

Grande galette à la mélasse

La mélasse est un sirop presque noir, très épais, visqueux. C'est un résidu du raffinage du sucre. Elle contient de la vitamine B et des minéraux tels que le calcium, le potassium, le fer, le cuivre… ce qui n'est pas le cas du sucre blanc.

On la trouve dans de nombreux gâteaux d'Amérique du Nord, mais elle est méconnue chez nous. Elle donne pourtant aux pâtisseries un goût inimitable, qui ressemble un peu au caramel. Cette galette très rustique aurait pu être préparée par Mme Ingalls dans *La Petite Maison dans la prairie.*

Pour 6 personnes

· 125 g de beurre
  à température ambiante
· 125 g de mélasse
· 2 œufs frais
· 1 citron non traité
· 1 verre de farine de froment

Pour la dorure

· 1 jaune d'œuf
· 1 c. à s. de lait

Préchauffer le four à 160 °C. Passer un saladier ou un cul-de-poule sous l'eau très chaude puis bien l'essuyer. Y mettre le beurre en petits morceaux et le tourner en mousse à l'aide d'une spatule en bois ou d'une fourchette. Ajouter la mélasse sans cesser de bien tourner. Lorsque le mélange semble homogène, ajouter les œufs entiers, l'un après l'autre. Prélever le zeste du citron en faisant attention à ne pas prélever de peau blanche amère. L'ajouter au mélange et bien remuer. Verser doucement la farine de froment jusqu'à l'obtention d'une pâte facile à étaler au rouleau. Donner la forme d'une jolie galette bien ronde et assez épaisse. Faire des rayures à l'aide d'une fourchette sur toute la surface. Mélanger le jaune d'œuf au lait dans un bol et dorer la galette à l'aide d'un pinceau. Déposer la galette sur une toile en silicone ou sur du papier sulfurisé et la faire cuire au four pendant environ 30 min. Il faut que la surface soit bien dorée. La mettre sur une grille pour qu'elle refroidisse.

Financiers 100 % bio aux graines de courge

Qui n'aime pas les financiers ? C'est un gâteau si fédérateur que l'on peut s'amuser sans risque à le réaliser avec des ingrédients bio un soupçon différents de ceux de la recette traditionnelle. Par exemple, utiliser de la farine d'épeautre et non de blé et les parsemer de graines de courge bien croquantes. Profitez-en aussi pour essayer les différents sucres non raffinés qu'offrent les boutiques bio : plongez le nez dans un sac de sucre complet, l'odeur incomparable de caramel vous enchantera. Le reste de la recette est inchangé et ne décevra personne.

Pour 4 personnes

· 150 g de beurre
· 50 g de farine d'épeautre
· 150 g de fleur de sucre
· 1 c. à s. de graines de vanille
· 70 g de poudre d'amandes
· 4 blancs d'œufs
· 1 petit bol de graines de courge

Préchauffer le four à 200 °C. Mettre le beurre dans une casserole et le porter à ébullition. Dès qu'il prend une couleur noisette, arrêter la cuisson. Le passer au chinois et le réserver (c'est ce que l'on appelle « faire un beurre noisette »). Par ailleurs, mélanger la farine, le sucre, la vanille et la poudre d'amandes dans un saladier. Ajouter les blancs d'œufs sans cesser de mélanger, puis le beurre. Verser cette pâte dans des moules à financier en les remplissant aux trois quarts. Parsemer de graines de courge. Faire cuire pendant environ 15 min, puis laisser refroidir sur une grille.

Variantes

Varier les farines et les graines, par exemple en mélangeant graines de lin, de soja, de courge, de tournesol et de pavot. On peut aussi varier les épices.

Mon Crunch à moi

Allez, avouez que, vous aussi, quand vous étiez petit, il vous est arrivé de croquer dans une barre de Crunch en vous demandant si le monde allait s'écrouler autour de vous comme dans la pub. Non ? C'est que le Crunch a fait son petit effet révolutionnaire, en son temps. Lancée en 1938 aux États-Unis, cette barre chocolatée fut la première à incorporer des grains de riz soufflés. C'est aujourd'hui la troisième marque la plus vendue chez Nestlé, dans plus de quarante pays. L'adversaire est donc de taille si vous tentez de rivaliser, mais vous trouverez dans les magasins bio un allié : les soufflettes de châtaigne.

Pour 4 personnes

- 250 g de chocolat noir
- 50 g de beurre
- 2 c. à s. de sucre en poudre
- 150 g de soufflettes de châtaigne

Délicieuses nature avec du lait, au petit déjeuner, ou encore dans un yaourt ou sur une compote, avec des éclats de noisette, elles se marient divinement au chocolat dans ces barres maison. De quoi réveiller la bombe qui sommeille en vous !

Casser le chocolat en morceaux et le mettre dans une casserole. Ajouter le beurre coupé en tranches fines et faire fondre doucement. Verser le sucre. Quand le mélange est bien lisse, ajouter les soufflettes de châtaigne. Mettre la pâte dans des moules en silicone ou sur du papier sulfurisé et bien tasser avec le dos d'une cuillère. Laisser refroidir et sécher avant de déguster.

Variantes

On peut aussi utiliser du quinoa soufflé ou des pétales d'épeautre. Et, bien sûr, du chocolat au lait ou du chocolat blanc.

Bouchées au quinoa

Le quinoa est généralement utilisé dans les plats salés, mais il peut également servir à confectionner des desserts. Cuit dans du lait aromatisé, il devient très tendre et moelleux. Ici, il constitue l'ingrédient de base d'un gâteau sucré, ferme mais très doux à l'intérieur. L'idéal est de le déguster avec une compote de pommes.

Pour 4 personnes

- 70 g de quinoa
- 50 cl de lait entier
- 1 gousse de vanille
- 3 biscottes d'épeautre
  (sinon, de la chapelure)
- 20 g de sucre en poudre
- 30 g de beurre
- 4 œufs
- 1 c. à s. de cannelle moulue
- 1 c. à s. d'huile
- 1 pincée de sel

Verser le lait dans une casserole et ajouter le sucre, la gousse de vanille fendue en deux et le sel. Faire bouillir puis laisser infuser pendant une dizaine de minutes. Enlever la gousse de vanille et refaire bouillir le lait. Verser le quinoa tout en remuant à l'aide d'un fouet afin qu'il se mélange bien. Laisser cuire pendant 30 min tout en remuant régulièrement. Il faut que le lait soit absorbé par le quinoa. Retirer du feu et attendre que cela tiédisse, puis ajouter le beurre et 3 jaunes d'œufs les uns après les autres. Bien mélanger et verser le tout sur une toile en silicone. Tasser et rabattre le mélange à l'aide d'une spatule. L'idéal est d'obtenir une épaisseur d'environ 2 cm. Laisser refroidir. Mixer les biscottes afin d'obtenir de la chapelure et la verser dans une assiette creuse. Y incorporer la cannelle. Casser le dernier œuf entier dans une assiette creuse et ajouter 2 blancs. Battre en omelette. Faire chauffer l'huile dans une poêle. Découper à l'emporte-pièce des disques de quinoa et les tremper dans l'œuf, puis dans la chapelure. Les dorer des deux côtés puis les égoutter sur du papier absorbant. On peut les saupoudrer de sucre et les déguster chauds, nature ou avec une compote de pommes. On peut aussi, comme sur la photo, découper la pâte en cubes.

Duo de mousses à la framboise et au matcha

Vous avez des doutes sur le tofu ? Essayez tout de même le tofu soyeux ! Rien à voir avec les blocs blancs que vous connaissez peut-être. Le tofu soyeux, lui, aurait plutôt la consistance du yaourt, avec un goût de crème fraîche, mais il est d'origine végétale, puisque c'est un dérivé du soja. Idéal dans les desserts, il permet de réaliser facilement des desserts qui alternent des couches de couleurs différentes. En effet, il suffit de le mixer pour qu'il devienne onctueux puis de le laisser reposer afin qu'il s'affermisse au frais. Un jeu d'enfant ! Quant aux sirops de gingembre et d'agave, ils font également partie des petits trésors que l'on trouve dans les magasins bio. Le premier vous servira à tout : aussi bien à sucrer un thé ou un yaourt qu'à parfumer une salade de fruits ou des crêpes. Enfin, le matcha n'est plus à présenter, puisqu'on le voit partout : c'est une poudre de thé au goût bien particulier ; on aime ou pas, mais ça vaut le coup d'essayer.

Pour 2 personnes

Pour la mousse à la framboise
- 200 g de tofu soyeux
- 150 g de framboises
- 1 c. à s. de sirop de gingembre

Pour la mousse au matcha
- 200 g de tofu soyeux
- 1 c. à s. de thé vert matcha
- 1 c. à s. de sirop d'agave

Mettre le tofu soyeux, les framboises (sauf quelques-unes pour la décoration) et le sirop de gingembre dans la cuve d'un robot. Mixer pendant quelques minutes, il faut que le mélange soit bien homogène. Goûter et rectifier le goût en ajoutant éventuellement du sirop de gingembre. Procéder de même avec les ingrédients de la mousse au matcha. Verser les préparations dans des verrines, en alternant les mousses, et laisser prendre au frais pendant 4 h environ. Décorer avec des framboises.

Salade de jus de fruits en gelée
et de feuilles fraîches

Impossible de réaliser un livre bio sans vous parler de l'agar-agar. C'est une algue qui se présente sous forme de poudre ou de paillettes et qui permet de réaliser des plats à l'aspect de gelée. L'avantage est que cette algue n'a pas de goût et est entièrement naturelle, très digeste, pleine de fibres et très saine. En outre, son pouvoir gélifiant est supérieur à celui de la gélatine, et la prise est beaucoup plus rapide. Son utilisation est un vrai jeu ; quand vous y prenez goût, vous ne pouvez plus vous en passer. Seulement, voilà, une fois que vous vous serez amusé à faire plein de petits cubes de gelée de toutes les couleurs, encore faudra-t-il savoir quoi en faire. Et pourquoi pas une salade composée ?

Verser le jus d'abricot dans une petite casserole et porter à ébullition. Incorporer l'agar-agar en suivant le dosage indiqué sur le paquet. Prolonger l'ébullition de quelques minutes puis verser dans des petits moules ou dans un bac à glaçons. Laisser refroidir et se gélifier. Recommencer la même opération avec le jus d'ananas et le jus de fruits rouges. Quand tous les jus sont gélifiés, démouler délicatement et mettre dans un saladier ou dans des verres. Zester le citron et parsemer les cubes de zeste. Ciseler finement la menthe fraîche et l'ajouter. Presser un filet de jus de citron. Déguster bien frais.

Pour 2 personnes

- 1 verre de jus d'abricot
- 1 verre de jus d'ananas
- 1 verre de jus de fruits rouges
- 2 sachets d'agar-agar
- 1 citron non traité
- feuilles de menthe fraîche

Variantes

Attention aux jus de fruits exotiques, ils ne gélifient pas tous. Vous pouvez aussi ajouter des fruits frais dans la salade.

Tartelettes à la farine de châtaigne et à la ganache équatoriale

La farine de châtaigne, de couleur un peu grise, est très douce au goût. En général, on ne l'utilise pas seule, elle représente seulement de 20 à 50 % du poids total de farine préconisé dans la recette, le complément étant de la farine de blé. Comme elle ne contient pas de gluten, elle ne permet pas de faire lever une pâte. Il est conseillé de la tamiser.

Préchauffer le four à 180 °C. Mélanger les farines et le sel dans un saladier. Par ailleurs, battre le beurre coupé en morceaux avec le sucre jusqu'à obtenir un mélange mousseux. Y incorporer les farines puis ajouter l'œuf. Pétrir avec les mains et former une boule.

Pour 6 tartelettes

- 180 g de farine de blé
- 100 g de farine de châtaigne
- 125 g de beurre doux
  à température ambiante
- 75 g de sucre roux en poudre
- 1 œuf
- 200 g de chocolat noir Équateur
- 25 cl de crème fleurette
- 1 pincée de sel

L'étaler au rouleau à pâtisserie et découper des disques afin de garnir des moules à tartelette. Piquer les fonds de pâte avec une fourchette et faire cuire au four pendant une vingtaine de minutes. Verser la crème dans une casserole et la faire frémir. Stopper la cuisson et ajouter le chocolat coupé en morceaux. Mélanger vivement à l'aide d'un fouet jusqu'à ce que le chocolat soit complètement fondu. Garnir les tartelettes de ganache et laisser refroidir.

Samoussas d'alfalfa

Non, « Alfalfa » n'est pas un lointain pays ni le prénom de la copine berbère qui m'a refilé la recette. C'est tout simplement ainsi qu'est appelée la luzerne sur les barquettes de graines germées que l'on trouve dans les épiceries bio ! Ces jeunes pousses sont délicieuses, riches en vitamines, en minéraux et en oligoéléments : de la nourriture plus que fraîche, vivante. On en trouve dans tous les magasins bio, mais on peut aussi s'amuser à en faire pousser soi-même, en quelques jours, soit dans un germoir conçu à cet effet, soit tout simplement en utilisant un bocal percé et renversé, ce qui permettra d'humidifier les pousses sans les faire pourrir. L'originalité, c'est de les servir ici en dessert, grâce à la présence sucrée du sirop de cranberry (canneberge). Car s'il y a bien un autre rayon que je vous conseille d'aller visiter chez les bio, c'est celui des sirops artisanaux...

Pour 12 samoussas

- 2 feuilles de brick
- 1 barquette d'alfalfa
- 2 oranges
- huile d'olive vierge
- sirop de cranberry

Découper la feuille de brick en bandes d'environ 3 cm de large. Éplucher les oranges et en prélever les suprêmes (les quartiers sans les membranes). Déposer un petit peu de graines germées à l'extrémité d'une bande de feuille de brick puis ajouter un quartier d'orange. Plier en triangle. Recommencer l'opération jusqu'à épuisement des bandes de feuilles de brick.

Faire chauffer de l'huile dans une poêle et faire dorer les samoussas de chaque côté. Arroser de sirop de cranberry et déguster tiède.

Variante

Goûtez aussi avec d'autres sirops bio : de gingembre, de blé, d'érable ou de riz.

Milk-shakes végétaux

On trouve dans les rayons bio toutes sortes de laits végétaux offerts en alternative au lait de vache, notamment pour réduire les risques d'allergie ou les problèmes ORL : lait de riz, d'avoine, de quinoa, de châtaigne, de soja, nature ou aromatisés… On peut aussi les choisir par goût : à vous de les tester pour élire vos préférés. Ils se mêlent généralement bien avec les goûts de noisette et de miel, d'où les associations ci-après. Pour rester dans les ingrédients sains et nutritifs, on a aussi utilisé du pollen. Celui-ci se vend en bocaux, sous la forme de granulés. Il est réputé pour être un agent de croissance pour les enfants et un remontant en cas de fatigue nerveuse.

Milk-shake lait de soja, miel et pollen

Pour 1 grand verre
- 1 verre de lait de soja
- 1 yaourt de brebis
- 1 c. à s. de miel
- 1 c. à s. de pollen

Milk-shake au lait de soja
Verser le lait frais dans la cuve d'un blender. Ajouter le yaourt de brebis et le miel. Bien mixer et rajouter ou non du miel selon le goût. Parsemer de pollen et déguster bien frais.

Milk-shake lait de châtaigne, crème de noisettes et chocolat

Pour 1 grand verre
- 1 verre de lait de châtaigne
- 1 c. à s. de crème de noisettes
- 1 c. à s. de chocolat en poudre
- 3 glaçons

Milk-shake au lait de châtaigne
Verser le lait de châtaigne dans la cuve d'un blender. Ajouter la crème de noisettes et le chocolat. Bien mixer puis ajouter les glaçons et mixer de nouveau. Déguster immédiatement.

Crumble aux épices et aux graines

L'un des plaisirs qu'il y a à faire ses courses dans les magasins bio est de pouvoir se servir soi-même en graines de toutes sortes, selon l'envie du jour. Les plus courantes sont les graines de courge, nourrissantes et énergétiques, les graines de lin, qui favorisent la santé intellectuelle et diminuent l'effet déprimant du manque de soleil en hiver, les graines de tournesol, sources de phosphore, et les graines de sésame, sources de nombreux minéraux. Que vous soyez au courant de leurs propriétés ou non, faites-vous plaisir : ce sont avant tout de délicieux ingrédients, croustillants et parfumés, qui relèvent les salades et les sandwichs maison comme les desserts.

Pour 4 personnes

· 2 poires
· 2 pommes
· 4 c. à s. de sucre roux en poudre
· 1 c. à s. de crème fraîche épaisse
· 2 c. à s. de graines mélangées
  (lin, tournesol, soja…)
· 2 c. à s. de beurre ramolli
· 2 c. à s. de farine complète
· 1 pincée de clous de girofle moulus

Mettre le beurre coupé en morceaux, le mélange de graines, la moitié du sucre, la farine et le girofle dans un bol. Mélanger du bout des doigts afin d'obtenir une consistance sableuse. Mettre ce mélange sur une feuille de papier sulfurisé et le faire cuire au four à 160 °C pendant une dizaine de minutes, jusqu'à qu'il soit bien doré. Pendant ce temps, peler les fruits et les couper en quatre. Enlever les parties dures du milieu et les couper en tranches. Saupoudrer une poêle du restant de sucre. Mettre sur le feu, attendre que le sucre fonde et se transforme en caramel. Ajouter les fruits et bien remuer afin de les enrober de caramel et de les cuire sans que cela ne colle à la poêle. Ajouter la crème et bien mélanger. Verser la compote dans des verrines et répartir le crumble par-dessus. Servir tiède.

Galettes de muesli au chocolat

Le muesli, ou musli, vient de Suisse alémanique. C'est un mélange de céréales qui se déguste en général au petit déjeuner avec du lait, un yaourt, du fromage blanc ou du jus d'orange fraîchement pressé. À l'origine, la recette du muesli contenait quatre ingrédients : des flocons d'avoine, du lait, du jus de citron et de la pomme râpée. Aujourd'hui, il existe une multitude de variantes, avec des noix, des noisettes, des noix de pécan, des bananes séchées, des abricots secs, des raisins, des graines de tournesol, des flocons d'épeautre, des graines de tournesol, des graines de lin… Mais sachez que le meilleur est celui que vous ferez vous-même ! Achetez des flocons d'avoine nature et ajoutez ce que vous aimez.

Pour 4 petites galettes

· I verre de muesli nature
· I verre de lait
· 2 c. à s. de pépites de chocolat
· I œuf
· I/2 c. à s. de farine de châtaigne
· I c. à s. d'huile

Verser le lait dans un bol et y faire gonfler le muesli pendant quelques minutes. Ajouter l'œuf battu et la farine de châtaigne. Verser ensuite les pépites de chocolat et bien mélanger. Faire chauffer l'huile dans une poêle, y déposer I c. à s. de préparation et tasser avec le dos d'une cuillère. Faire dorer des deux côtés et procéder de même avec le restant de pâte. Déguster bien chaud lorsque le chocolat est encore fondant.

Madeleines à la purée d'amandes

La purée d'amandes est un produit typique des épiceries bio auquel vous trouverez de multiples usages. Elle est constituée d'amandes séchées à l'air puis broyées à la meule. Il en résulte une pâte épaisse au goût délicieux, qui peut être utilisée à la place des matières grasses animales ou de la crème fraîche dans les gâteaux, dans les sauces (y compris la vinaigrette) ou avec les légumes. Pleine de vitamines E, de calcium, de phosphore, de magnésium et de lécithine, c'est un ingrédient santé réputé pour améliorer l'état de la peau. Elle parfume agréablement les madeleines de cette recette... qui n'en sont pas vraiment ! Le résultat ne cherche pas à rivaliser avec les petits gâteaux aériens que l'on désigne par ce nom. S'ils ont la forme des madeleines, ils sont plus secs, mais néanmoins très nourrissants, à tremper par exemple dans du thé, le matin, au petit déjeuner.

Pour 8-10 madeleines

- 2 œufs
- 120 g de purée d'amandes
- 80 g de sirop d'agave
- 120 g de farine de blé
- 1 c. à c. de levure chimique
- 2 c. à s. de lait d'amande

Passer le pot de purée d'amandes sous l'eau chaude avant de l'ouvrir afin de pouvoir le travailler et le rendre ainsi homogène. Mélanger la purée d'amandes avec le sirop d'agave dans un grand bol. Ajouter les œufs un à un en les battant bien avec un fouet puis incorporer la farine, la levure et le lait d'amande. Laisser reposer cette pâte au frais pendant 3 h au minimum, afin que les arômes d'amande se diffusent bien. Préchauffer le four à 180 °C. Mettre 1 bonne c. à s. de pâte dans chaque moule à madeleine et faire cuire pendant une dizaine de minutes. Laisser refroidir sur une grille.

Cheesecake au tofu soyeux et à la banane

Quand vous aurez découvert le tofu soyeux (si différent du tofu en bloc, et au contraire tout crémeux), nul doute que, comme moi, vous aurez envie de faire toutes sortes d'expériences. Il vient ici remplacer le fromage blanc et les œufs dans une recette de cheesecake traditionnel. La banane donne le goût ; le jus d'orange lisse la texture. Essayez !

Pour 4 personnes

- 70 g de biscuits sablés bio
- 25 g de beurre amolli
- 280 g de tofu soyeux
- 7,5 cl de jus d'orange
- 1 citron
- 2 bananes
- 1 sachet de sucre à la vanille naturelle

Préchauffer le four à 180 °C. Mettre les biscuits dans la cuve d'un mixeur et les réduire en poudre. Ajouter le beurre et mixer de nouveau. Étaler cette pâte dans un moule à cheesecake ou à tarte en la tassant avec les doigts. Mettre les bananes, le tofu soyeux, le jus et le zeste du citron, le sucre vanillé et le jus d'orange dans la cuve du robot. Mixer jusqu'à l'obtention d'une purée homogène. La verser sur le fond de pâte et faire cuire pendant une trentaine de minutes : le dessus doit être légèrement doré. Laisser refroidir, puis mettre au frais avant de déguster.

Astuce

Vous pouvez faire un coulis de fruits pour accompagner ce cheesecake : mangues, fraises, cassis…

Moelleux de crème de châtaignes

Saviez-vous que le châtaignier était autrefois appelé « l'arbre à pain » ou encore « l'arbre à saucisses » ? C'est qu'il nourrissait à la fois les populations rurales et leurs porcs. En effet, la châtaigne est un aliment très énergétique, plein de glucides. On en trouve très facilement à la campagne en automne ou toute l'année dans les magasins bio, sous forme de farine, de sirop ou de confiture, que l'on appelle aussi, et par erreur, crème de marrons. C'est avec cette crème de marrons que l'on réalisera cette recette express, que nous faisait ma grand-mère en hiver, quand nous étions petits. Inratable et délicieux.

Pour 4 ramequins
· 1 pot de crème de châtaignes
· 2 œufs
· 1 c. à s. de farine de châtaigne
· 3 châtaignes

Préchauffer le four à 180 °C. Verser la crème de châtaignes dans un bol et ajouter les œufs. Battre vigoureusement et y incorporer la farine. Verser la préparation dans des ramequins et faire cuire au four pendant 15 min. Éplucher les châtaignes et les faire revenir à sec dans une poêle. Les couper grossièrement et en parsemer les petits pots. Déguster tiède.

Variantes
Parfumer la crème de marrons (cardamome, cannelle, vanille…).
Avant cuisson, insérer 1 petit carré de chocolat au milieu de chaque ramequin.
Faire une ganache avec du chocolat noir et un peu de crème d'amandes ou de soja (ou autre) et en napper les moelleux.

Cookies à la purée de noisettes

La purée de noisettes est réalisée à partir de noisettes séchées au feu de bois et broyées à la meule. Rien à voir avec la fameuse « pâte à tartiner à la noisette » de Nutella, puisqu'elle est composée à 100 % de noisettes. Quoique… à tartiner, elle n'est pas mal non plus, avec un bout de fromage ou une lamelle de pomme ! Vous pourrez aussi l'utiliser dans toutes sortes de plats salés ou sucrés ainsi que dans des sauces.

Pour 20 cookies

· 150 g de purée de noisettes
· 85 g de noisettes entières décortiquées
· 150 g de farine complète
· 150 g de beurre amolli
· 225 g de sucre de canne en poudre
· 1 œuf
· 1 sachet de levure chimique
· 1 pincée de sel

Mélanger le beurre et la purée de noisettes dans un saladier. Ajouter le sucre tout en continuant de mélanger. Battre l'œuf dans un verre et l'incorporer progressivement. Ajouter la farine et la levure puis le sel. Bien mélanger. Concasser grossièrement les noisettes puis les ajouter à la pâte. Faire une boule et la laisser au frais pendant 1 bonne heure. Préchauffer le four à 180 °C. Garnir une plaque de papier sulfurisé et y déposer de petites boules de pâte. Les aplatir à la cuillère, puis faire cuire pendant environ 15 min. Laisser refroidir les cookies sur une grille.

Variantes

Remplacer la purée de noisettes par de la purée d'amandes ou de noix de cajou.

Crème de riz au sucre de canne foncé

Ce que l'on appelle « crème de riz » est en fait une farine de riz précuite à la vapeur, délicatement sucrée et de texture très fine. On peut l'utiliser dans toutes sortes de préparations salées ou sucrées, un peu comme on le ferait de la Maïzena. Elle présente l'avantage d'être très digeste. Quant au sucre de canne foncé, c'est un sucre non raffiné provenant des îles de l'océan Indien. La richesse de son arôme est due à la mélasse de canne. À lui seul, il suffit à parfumer un dessert.

Pour 2 petites crèmes

- 30 g de crème de riz
- 25 cl de lait végétal
- 2 c. à s. de sucre de canne foncé
- 2 c. à s. de Cruesli
- 1 c. à s. de raisins secs

Verser le lait végétal dans une casserole et ajouter doucement la crème de riz. Battre au fouet pour que le mélange soit bien homogène. Dès que la crème épaissit, ajouter le sucre de canne foncé et le faire fondre. Verser la crème dans des petits pots. Quand la crème est froide, parsemer de Cruesli et de raisins secs.

Crème soyeuse au chocolat et au gingembre confit

Le tofu soyeux est un formidable auxiliaire pour réaliser des desserts crémeux sans pour autant utiliser de matière grasse ni d'œufs, que l'on consomme déjà tant par ailleurs. On peut le mixer avec des fruits et ensuite le laisser figer au frais : c'est sain et complet. La variante au chocolat est délicieuse elle aussi.

Pour 4 petits pots

- 200 g de tofu soyeux
- 60 g de chocolat noir
- 1 c. à c. de sirop de gingembre
- 2 c. à s. de gingembre confit

Casser le chocolat en carrés et le faire fondre au bain-marie. Mettre le tofu soyeux dans la cuve d'un blender avec le sirop de gingembre et le chocolat, puis mixer jusqu'à ce que le tofu soit lisse. Verser dans des petits pots et mettre au frais pour que la texture se solidifie. Parsemer de morceaux de gingembre confit avant de servir.

Variantes pour l'hiver

Crème au café avec 1 pincée de cardamome.
Crème de marrons avec 1 pincée de vanille.
Crème au chocolat et purée de noisettes.
Crème au caramel avec 1 pincée de fleur de sel.

Variantes pour l'été

Crème aux fraises avec 2 feuilles de basilic.
Crème aux framboises et 1 petite goutte d'huile essentielle de bergamote.
Crème à l'abricot et 3 fleurs de lavande.

Index des recettes par ingrédients bio

Konbu : Pâtes à la spiruline et aux algues kombu (54)

Huile de courge : Tarte à la brousse et aux poires (110)

Huile de noisette : Dulse tiède au chèvre (66), Salade de germes aux chips de pommes (96, variante)

Huile de sésame : Tofu et haricots mungo sautés (76), Lassi chèvre et miel (92), Mille-feuilles de pain de fleurs au tofu fumé et aux agrumes (94)

Huiles essentielles : Bavarois à l'huile essentielle de basilic et graines germées (68), Petits pots de beurre parfumé (86), Crème soyeuse au chocolat et au gingembre confit (154, variante)

Lait d'amande : Madeleines à la purée d'amandes (144)

Lait de châtaigne : Milk-shakes végétaux (138)

Lait de chèvre : Lassi chèvre et miel (92)

Lentilles corail : Mousse de lentilles corail (44), Potage de lentilles corail (48)

Matcha : Duo de mousses à la framboise et au matcha (130)

Mélange du pêcheur : Petits pots de beurre parfumé (86)

Mélasse : Grande galette à la mélasse (122)

Muesli : Rondelles de pommes aux amandes (120, variante), Galette de muesli au chocolat (142)

Nori : Caviar de nori sur pommes de terre (56)

Pain de fleurs : Mille-feuilles de pain de fleurs au tofu fumé et aux agrumes (94)

Pollen : Petits pots de beurre parfumé (86), Milkshakes végétaux (138)

Purée d'amandes : Mousse de lentilles corail (44), Madeleines à la purée d'amandes (144), Moelleux de crème de châtaignes (148, variante), Cookies à la purée de noisettes (150, variante)

Purée de noisettes : Salade de germes aux chips de pomme (96), Milkshakes végétaux (138), Madeleines à la purée d'amandes (144, variante), Cookies à la purée de noisettes (150), Crème soyeuse au chocolat et au gingembre confit (154, variante)

Purée de sésame : Mousse de lentilles corail (44, variante), Salade de graines de poireaux aux champignons et aux fruits secs (90), Mille-feuilles de pain de fleurs au tofu fumé et aux agrumes (94, variante)

Quinoa : Couscous de quinoa aux légumes (60)

Quinoa soufflé : Mon Crunch à moi (126, variante), Bouchées au quinoa

Sirop d'agave : Duo de mousses à la framboise et au matcha (130),

**Madeleines à la purée d'amandes (144)

Sirop de cranberry : Samoussas d'alfalfa (136)

Sirop de gingembre : Cocktail vitaminé (108), Duo de mousses à la framboise et au matcha (130), Samossas d'alfalfa (136, variante), Crème soyeuse au chocolat et au gingembre confit (154)

Soufflettes de châtaignes : Mon Crunch à moi (126)

Spiruline : Pâtes à la spiruline et aux algues kombu (54), Chantilly de fromage blanc à la spiruline (62)

Sucre de canne foncé : Crème de riz au sucre de canne foncé (152)

Tofu fumé : Quiche fumée et salade d'herbes (52), Mille-feuilles de pain de fleurs au tofu fumé et aux agrumes (94)

Tofu nature : Tofu et haricots mungo sautés (76)

Tofu soyeux : Flans de panais à la noix muscade (82), Verrines de crème de mangue au saumon (98), Duo de mousses à la framboise et au matcha (130), Cheese-cake au tofu soyeux et à la banane (146), Crème soyeuse au chocolat et au gingembre confit (154)

Yaourt de chèvre : Lassi chèvre et miel (92)

Yaourt de brebis : Milk-shakes végétaux (138)

Index alphabétique des recettes

La genèse du livre

adresse e-mail : steph2t@wanadoo.fr

Ce n'est pas un scoop : aujourd'hui, le bio est à la mode. Les magasins se multiplient (Naturalia, Vie Bio, Nouveaux Robinsons, Biocoop…) ; ils proposent des choix comparables de produits bio, dont certains restent encore méconnus du grand public. Lors de la première visite, on peut être dérouté par cette offre peu habituelle : à quoi servent toutes ces graines ? Comment cuisiner ces nouvelles céréales ? Que faire de mon bloc de tofu ? D'où l'idée de ce petit livre de cuisine, conçu à partir d'une sélection simple et pratique de quelques produits phares, que vous pourrez souvent utiliser dans des plats salés comme sucrés.

Moi qui ai grandi à la campagne, j'ai toujours aimé les produits naturels et authentiques. Par nature curieuse de tout, en matière de cuisine, je me suis amusée à tout tester pour vous faire part de mes trouvailles. L'une de mes grandes révélations, par exemple, a été le tofu soyeux : qu'on l'utilise cuit ou cru, il permet d'obtenir une texture à la fois crémeuse et solide, sans usage de graisse ni de gélifiant. Quant à l'agar-agar, ses vertus ne sont plus à vanter : on en parle désormais beaucoup…

J'avais aussi envie de vous faire découvrir des petites recettes rigolotes, car, lorsque je parlais de bio avec mes copines, leurs références étaient immédiatement *La Petite Maison dans la prairie* (les galettes de Mme Ingalls) ou, pire, *Les Bronzés font du ski,* quand la bande de copains se retrouve avec deux paysans dans un chalet de haute montagne : en gros, une nourriture très rustique, riche, pas très esthétique et peu gourmande. Pour moi, les ingrédients bio évoquent tout l'opposé : des petits plats légers, faciles à faire, qui simplifient le quotidien et lui ajoutent une touche de fantaisie.

Alors, amusez-vous, profitez-en pour renouveler votre cuisine, mettez tous vos *a priori* dans un sac en papier recyclé et jetez-le dans la bonne poubelle, SVP !

Conception graphique : Claire Guigal
Mise en pages : Raphaële Vidaling
Photogravure : Peggy Huynh-Quan-Suu
Fabrication : Thomas Lemaître

© Tana éditions
ISBN : 978-2-84567-503-2
Dépôt légal : mars 2009
Imprimé en Espagne